우리네 삶의 마중물

우리네 삶의 마중물

초판 1쇄 발행 2024년 12월 27일

지은이 박문신
펴낸이 장길수
펴낸곳 지식과감성ʰ
출판등록 제2012-000081호

교정 이주연
디자인 강샛별
편집 강샛별
검수 주경민, 정윤솔
마케팅 김윤길, 정은혜

주소 서울시 금천구 벚꽃로298 대륭포스트타워6차 1212호
전화 070-4651-3730~4
팩스 070-4325-7006
이메일 ksbookup@naver.com
홈페이지 www.knsbookup.com

ISBN 979-11-392-2333-0(03810)
값 15,000원

• 이 책의 판권은 지은이에게 있습니다.
• 이 책 내용의 전부 또는 일부를 재사용하려면 반드시 지은이의 서면 동의를 받아야 합니다.
• 잘못된 책은 구입하신 곳에서 바꾸어 드립니다.

지식과감성ʰ
홈페이지 바로가기

박문신 제3시집

우리네 삶의
마중물

목차

책머리에   8

I.
마음의 창(窓)

새해 소망	12	구름 인생	41
긍정적인 사람	14	그 사람의 그릇	43
중용(中庸)의 삶	16	그의 말 한마디가…	45
나를 반추(反芻)하면…	18	혼자라는 생각	47
기울어진 삶	21	인생의 덤	49
노화의 변(辯)	23	고집의 폐해	51
삶의 빛과 그림자	25	자기비하의 끝	53
계곡의 샘물처럼	27	나는 필요한 존재	55
정의에 대한 갈증	29	의사의 인성(人性)	57
믿음, 사랑	32	절세의 미인	59
마음속 그녀	34	아버지는 왕따	61
부부 사랑	35	불안 심리	63
보석 같은 당신	37	노인의 고집	65
유머	39	아내 없는 삶	67

Ⅱ.
삶의 여로(旅路)

나의 소망(所望)	70	낙엽의 삶	97
사랑과 믿음	72	마음의 상처	99
내 마음의 복수초	74	보릿고개 추억	101
내 삶의 마중물	75	유전자와 건강	103
걷기 운동	77	맨발 황톳길	105
친구의 필요성	79	의자 인생	107
친구를 그리며	81	자전거 추억	109
좋은 친구	83	자투리	111
코다리찜과 친구	85	시베리아의 겨울	113
좋은 습관	87	술의 유혹	116
첫사랑 연가	89	항구의 사람들	118
그녀의 뒷모습	91	4.11 총선 결과	120
복(福)과 운(運)	93		
내 삶의 종착역	95		

Ⅲ.
일상의 보람

설날 아침	126
봄이 오면…	128
봄의 두 얼굴	130
5월의 새로운 각오	132
복사꽃 옥이	134
소박한 밥상	136
쌈밥의 맛	138
유머를 즐기는 삶	140
펜의 위력(威力)	142
만년필 연서(戀書)	144
손주 자랑	146
커피 사랑	148
커피 예찬	150
등산을 그만두고	152
기억력의 감퇴	154
눈물	157
저녁노을	159
트로트 열풍	161
맛집 선택	165
산나물	167
여름 바다의 유혹	169
모란 5일장	171
보약과 건강	173
돈의 경고	175
화(禍)와 건강	177
겨울 바다의 경고	179

Ⅳ.
자연의 만상(萬象)

봄의 초입	182
꽃샘추위	184
봄비 내리네…	186
고향의 봄	188
입춘(立春) 지나며…	190
우수(雨水) 이후	192
5월의 하늘	194
꽃순의 마력(魔力)	196
진달래 꽃길	197
철쭉꽃	200
냉이꽃	202
살구꽃	203
아카시아꽃	205
벚꽃, 버찌	207
풀꽃	209

초복(初伏)을 맞으며…	211
능소화 찬가	213
장맛비	215
장마의 피해	217
수박 잔치	219
콩국수 예찬	221
나무뿌리	223
뻐꾸기 소리	225
다듬이 소리	227
장독대	229
노송(老松)	231
늦은 가을	232
숲속의 새들	234
마지막 잎새와 겨울	236
한강의 결빙	239

시작 후기	242

책머리에

 앞으로 남아 있는 삶을 어떻게 살아갈 것인가…? 누가 보아도 알차고 떳떳하게 보람되고 아름답게 살아가고 싶은 마음이 굴뚝같습니다. 바라고 원한다고 나의 삶이 그대로 이루어진다고는 생각하지 않습니다. 무엇보다도 나의 삶과 관련해 '아…!! 저 노인 참 여생을 멋지게 마무리하고 있네…' 라고 한다든가 '노인으로 어떻게 저렇게 겸손하며 나눔과 베풂의 삶에 솔선하고 있을까…?'라는 평을 받는다면, 정말 나로선 마지막 삶을 멋있고 값지게 깔끔한 마무리를 다하고 있는 것이라 하겠습니다.
 시작(詩作)은 언제나 이러한 나의 마음가짐의 실천을 인도하는 하나의 등불이 되고 있습니다. 보다 아름다운 내 삶의 마무리를 위해서, 조금은 처져 있는 내 삶의 기와 힘에 마중물이 되기 위해서, 동시에 한 줌의 부끄러움도 없는 삶을 살고 있다는 자신감을 갖기 위해서, 깊은 계곡의 샘물처럼 살기 위해서, 이렇게 시(詩)를 열심히 쓰고 있는 것이라 하겠습니다. 어떻게든 모든 사람들 삶의 행로에 언제나 거울이 되고 등불이 되는 그런 아름다운 시를 쓰고 싶다는 간절한 마음 또한 그지없습니다.

　삶은 유한(有限)합니다. 더 오래 살고 싶다고 해서 삶이 이어지는 것은 아니라고 생각합니다. 늙어 가면서 누구나 더 오래 더 건강하게 살고 싶다는 욕망을 더 짙고 강하게 지니며 살고 있음은 자명합니다. 무엇이든 바라고 원한다고 이루어지는 것은 아닙니다. 오래 살기를 바라면 바랄수록 욕심의 삐뚤어진 방향이 제 갈 길 잘못 들어서는 경우가 많습니다. 인간은 자기 욕심에서 헤어나지 못하면 엉뚱한 재해(災害)를 맞이할 확률이 높다는 뜻입니다.
　나이가 깊어지면서 가장 중요한 것은 마음의 정화(淨化)입니다. 이는 바로 아름다운 시심(詩心)과 상통하는 마음가짐입니다. 시는 사람의 마음을 깨끗하게 해 주는 촉매제 역할을 하며 마음의 풍요로움을 선사하는 청량제이기도 합니다. 시작에 정진하다 보면 자신도 모르게 머리가 맑아지고, 심저(心底)에서부터 온몸에 피가 활발히 돌아감을 느낍니다. 전신에 기와 힘이 새롭게 용솟음치고 있음을 감지하며 새로운 시상(詩想)과 함께 멋진 글이 만들어지곤 합니다. 이게 바로 시를 사랑하는 마음가짐의 태도이며 결과입니다.

'이제는 다 지나갔다든가 너무 늦었다'라는 자성의 감정이나 자책감은 실로 자신의 삶에 도움이 되지 못하는 공염불에 불과합니다. 무엇보다도 '오늘이 중요하다는 인식에 기초하여 내일을 기약한다'라는 불굴의 의지가 중요합니다. 늦었다면 늦은 대로 내 삶의 방향을 잡고 내 안에서 우러나온 내 삶의 버킷리스트를 하나하나 실천해 나가는 불굴의 용기가 필요한 것입니다. 절대로 시기와 질투, 미움과 원망, 염려와 낙심 등 부정적인 생각은 하지 말고, 늘 긍정의 방향에서 '감사하고 고맙다'는 마음의 기본을 잃지 말아야 합니다. 또한 화해와 용서에 앞장서고 나눔과 베풂에도 솔선수범한다는 배려의 의지를 가슴 깊이 간직하고 실천해 나가야 합니다.

오늘의 나는 내일의 나이기도 합니다. 지금이 아무리 내 삶의 마무리 단계라 하더라도 시작이라는 개념에서, 또 하나의 나를 창조한다는 마음가짐에서, 몸과 마음을 가다듬고 매일매일 즐겁고 아름답게 새 삶을 이어 갈 필요가 있습니다. 그럴 때마다 내 미래의 삶을 밝혀 주는 서광의 빛은 더할 나위 없이 찬연히 빛날 것이 분명합니다.

2024. 12.
박문신 씀

I.
마음의 창(窓)

새해 소망

우선 건강이다.
건강이 가장 중요하다고
마음속 깊이 간직한 채 살지만
지나치기 일쑤이며
등한시하다 덜컥 덫에 걸린다.
후회막급이 반복되나
이미 늦었음을 인지한다.

욕심을 버리자.
과식, 과음, 과욕을 못 버리고
맛있으면 더 먹기 주저 않고
기분 좋아 몇 잔 더 마시고
돈에 대한 철학도 부실하다.
더 가질 수도 없는데
더 가지려 허세(虛勢) 부린다.

웃음꽃이 행복이다.
항상 웃고 살면 만사형통
화날 일이 있어도 웃어야지.
'웃으면 복이 온다.' 했다.
유머러스한 사람으로 살면
일상은 즐거움으로 가득 찬다.

겸손과 나눔이 보약이다.
내 자랑 하지 말고
남의 장점 칭찬에 익숙하고
나눔과 베풂에 솔선하면
내 삶은 자연히
넉넉하고 자유로워진다.

모든 소망은 꿈이요
손에 잡힘 없이
허망하게 끝날 수 있다.
언제나 소풍 가는 마음으로
행복하고 즐겁게 살자.

긍정적인 사람

그 사람은
항상 마음이 온화하고 따스하다.
바다 같고 황금벌판이나 다름없이
마음씀씀이가 앞서고 넓으며
남을 배려함도 넘친다.

그 사람은
언제나 마음이 맑고 깨끗하다.
샘물 같고 파란 하늘 닮았는지
양보의 미덕 가득하고
겸손의 마음 두드러지며
무엇보다 진실을 중시한다.

그 사람은
누구보다 나눔과 베풂에 솔선한다.
옛 경주 최씨 갑부의 행적이나
제주도 의녀(義女) 김만덕 씨처럼
겸양과 나눔의 미덕 흠뻑 갖추어

올바른 세상 인도하는 의인으로
역사에 길이 남을 인물이다.

그 사람은 늘
애국적이고 희생적이다.
군인 같고 애국지사를 닮았는지
나라 걱정에 자기 돌봄 마다하고
모든 일에 국가를 우선시하니
애국자 중 애국자이다.

그의 삶엔
어둠이 깃들 곳 없고
그늘이 들 틈도 없고
암(癌)도 피해 갈 수밖에 없고
운(運)과 복(福)도 비껴갈 수 없다.
가지려 하는 사람보다
주기를 잘하는 사람에겐
늘 사랑과 행운이 함께하여
그의 곁을 떠날 수 없다.

중용(中庸)의 삶

중용이란
사람이 살아가며 지녀야 할
올바른 삶의 자세와 지표이다.
지나치거나 모자라지도 않고
더도 말고 덜도 아닌
중도, 중심, 균형의 관계를
뜻하는 말이다

보통의 시민으로선
일상에서 중용을 지키기 어렵다.
욕심, 화, 미움을 다스리기 쉽지 않고
중용의 위치에서 마음을 비우려 해도
정의, 정직, 공정, 선행, 신뢰 편에 서야
중용의 가치를 인정받을 수 있다.

정치인, 철학자, 종교인, 교수라면
일반 국민, 보통 시민들보다
더 중용의 가치를 최대한 존중하고
그 소중함을 지켜야 하거늘
오히려 그렇지 못한 경우
흔히 보게 된다.

세상을 더 밝게 하고
세상에 새 빛을 더 안겨 주려고
중용의 미덕(美德)을 지키는 사람들
오늘보다 더 나은 내일의 세상을
만들기 위해
배려와 나눔의 은혜 베푼다.

중용을 지키는 사람들
믿음과 존경을 한 몸에 지닌
훌륭한 사람들이다.

나를 반추(反芻)하면…

1.
눈을 감고
내 과거를 뒤돌아본다.
소리 내어 자랑할 것도 없지만
크게 잘못했다고 숨죽일 것도 없다.

2.
먼 산 바라보며
오르고 오르면 정상에 올랐을 걸
조금만 더 노력했으면 오를 수 있었는데
산 넘어 더 높은 산 있다고
강 넘어 더 깊은 강 있다고
주저하고 현실에 안주하고 말았지…

3.
파란 하늘 쳐다보며
저 끝없는 하늘은 어디까지 이어질까
파란 하늘도 금세 먹구름으로 변하고
천둥번개도 치고
소나기와 우박도 쏟아지는데
변화무쌍한 세상 제대로 대처 못 한 채
늘 봄비만 기다리며 안이하게 살았지…

4.
끝없는 지평선 바라보며
무엇을 생각하며 살았을까…?
바다 끝에는 무엇이 있을까 없을까
절벽일까, 낭떠러지일까
계속 가면 내가 서 있는 자리로 돌아올까
의문만 갖고 결정과 실행 못 하고
주저하며 불안해하며 살았지…

5.
오늘의 나를 냉정히
그래도 이만하면 평균 수치 이상인데
너무 욕심 지나친 것 아닌지…
양심과 정의에서 한 점의 부끄러움도
내 처신에는 별문제 없었다고
힘내어 소리칠 수 있다.

기울어진 삶

하루가 다르게 문득문득
기운 약해지고
기(氣)와 힘도 현저히 기욺을
스스로 느끼고 알아차린다.
몸의 이곳저곳 만져 보고는
고개를 끄떡끄떡 인정한다.

초가집 지붕 낡아
몇 년째 지붕 볏짚 이엉을
새로 얹는 작업 못 해
이곳저곳 빗물 조금씩 새듯
내 몸 허물어짐 느낀다.

오래된 손목시계
보기엔 명품인 양 여전하지만
배터리 갈아 끼웠는데도
가끔 어쩌다 시계가 서자
유명 시계 수리점 신세를 져야 할 듯
시계 수명이 다했음 시인한다.

내 몸의 기세도
낡은 초가집이나 오래된 손목시계와
하나도 다르지 않다.
기울고 있는 나의 삶
낡음에 잔혹(殘酷)하기까지 하다.
초가집이나 손목시계같이
내 몸 수선 가능할까…?

나의 삶 기울어 가지만
속도와 내용을 내실 있게 조정하고
순기능의 조치를 강구하면…
삶의 퇴화(退化)는 지연될 수 있다.
기울어진 삶을 일으켜 세우려는
재기와 도약의 노력도
삶의 질을 새로운 단계로
진입시킬 수 있음 분명하다.

노화의 변(辯)

노화는
누구에게나 다가오고 맞이하는
어쩔 수 없는 자연의 순리이다.
노화를 늦추거나 잠시 멈출 수는 있어도
저지하거나 원상회복할 수는 없다.

노화의 속도는
어느 결에 폭삭 늙음을 경험하기도 하나
늙음을 서서히 늦추는 방법도 있다.
노화를 촉진하는 마음가짐엔
욕심 시기 질투 원망에서 비롯한
스트레스가 주원인이다.

나이 듦이 깊어 가도
누가 봐도 곱게 늙어 가면서
인품도 크게 돋보이며
젊어 보이는 사람이 있는 반면
늙으면 늙을수록 인격이 엷어지고

품성도 거칠어지며
남에게 보기 흉할 정도로
폭삭 늙는 사람도 있다.

노화의 주범은
게으름에 폭식을 더하여
과음 흡연을 즐기고 사는
못된 버릇 습관도
주원인이다.

삶의 빛과 그림자

우리네 삶
빛나는 삶 양지가 있다면
그림자 드리운 음지의 삶 있다.

오늘의 밝은 삶이라도
내일이 오면 어둠의 장막일 수 있는 게
우리네 삶의 내일이고 미래인
삶의 두 가지 얼굴이다.

내일의 삶이 어둡다 하더라도
어둠의 긴 터널을 빠져나가면
밝은 태양의 지평선 만날 수 있듯이
삶의 빛과 그림자는
백(白)과 흑(黑)의 경계를 넘나들고
주(主)와 종(從)의 관계를 반복하는
예측불허의 도정(道程)이 이어진다.

삶의 양면성이란 변화에
속절없이 속고 속아 사는 게
우리네 인생사이다.

오락가락하는 삶의 두 가지 모습에
내일의 빛을 결연히 다짐하고
오늘의 그림자를 극복하고 이겨 내면
악마로 가득 찬 어둠 속 헤어나
우리네 삶은 결연히
광명(光明)을 찾아 나갈 것이다.

계곡의 샘물처럼

삶의 막바지엔
자신에 대한 정의와 욕심에
갈증을 느끼곤 한다.

스님이나 신부 목사라면 몰라도
깊은 계곡의 샘물 같은 사람
주옥(珠玉)같은 사람
주변에서 찾아보기 힘들다.

소나무 숲 계곡의 솔바람 소리
송진과 낙엽에 어우러진
힘을 돋우어 주는 자연의 짙은 냄새
졸졸졸 흐르는 샘물의 옥수(玉水)는
모두가 사람이 사람답게 살라는
경고음의 합창(合唱)이어라.

마음도 몸도 글도
계곡 샘물같이
양심과 나눔의 은혜를 입은 채
거침없이 개울이 되고 강이 되어
바다와 같이 넓게
욕심을 버린 사람으로
거듭 태어나길 바란다.

정의에 대한 갈증

1.

예나 지금이나
우리 사회의 정의와 공정에 대한
간절한 소망은 그저 바람에 그칠 뿐
진흙탕 웅덩이 속에서 헤어날 길 없다는
어느 철학 교수의 말이 맞지 싶다.

2.

공정한 사회는
언제나 국가 지도자가 내세우는
올바른 통치 철학의 모토이지만
오직 프로파간다에 그칠 뿐
우리 국민들 피부에 와닿는 현실은
특권과 부패가 공정과 정의를
무색하게 압도, 말살하는
병리 현상의 골만 깊어 갈 뿐이다.

3.
누구의 책임이냐를 묻고 싶다.
우리 모두의 책임이라는 답변에
이의를 달 수 없어 할 말을 잃는다.
그래도 정치인의 책임이 크지
일반 국민들이야 무슨 책임이 있느냐…?
라는 질문에 수긍이 간다.

4.
정의로운 사람, 정직한 사람
거짓말 모르고 사는 사람들
선비 정신을 갖고 사는 사람들
이런 사람들은
국가의 지도자가 될 수 없는지…?
알다가도 모를 일이다.

5.
우리나라의
정치하는 국가 지도자가 되면
거짓과 왜곡을 좋아하는 사람으로
금세 둔갑하여
정의를 무시하는 사람으로 변모한다.
왜일까…?
이들을 지지해 주는 국민들 책임이다.

믿음, 사랑

베란다 화분에 심은 상추
유난히 빛깔 곱고 싱싱하다.
쑥 웃자란 게 나를 잘라 가도 좋다는
과시하는 모습이요,
자랑이라도 하는 듯하다.

요 며칠 따스한 기온과 햇볕이
상추 잎 보듬고 살펴 준 덕
햇볕과 공기 물은 상추와
믿음의 관계요, 사랑의 관계이다.

서로 믿고 사랑하는 기쁨
함께 의지하고 밀어주는 희망
서로 합치고 당겨 주는 순간
세상의 원리(原理)는
자연의 순리대로 흘러간다.

모처럼 으스대는 상추의 만족
그 자연의 흐름 속에서
믿음과 사랑이 열매를 맺어
쑥쑥 크고 자라더니
기쁨과 희망을 주고 있다.

마음속 그녀

불러 본다.
은은하게 조용히 마음속으로
이렇게 그리움 머금고
끝남이 없다.

어제도 오늘도
기다리기만 하다 지쳐
뜬구름 잡을 듯 말 듯 놓칠 듯
어느새 새털구름으로 변하고
마냥 그대로 흩어지다
사라지고 만다.

마음속으로
사랑 노래 새기고 읊조려 본다.
아득히 저 멀리 어렴풋이
저녁노을 너머로
그녀의 모습 아련히
그 모습 그대로 보인다.

부부 사랑

부부로 살아온 지 어언 56년
오래도 같이 살았다.
사랑과 미움이 서로 마주함에
부닥치고 당기어 어려운 굴곡 많았지만
'이혼하자'는 말 한 번도 없었다는 것
큰 자랑거리라면 그렇다.

우린 상대를 속속들이
모르는 게 전혀 없었고
싸우지 않는 방법도 잘 알았으며
사랑하는 비법도 잘 터득하여
서로 이해하고 공존했다.

아내는
내가 믿고 의지하며 살아온
내 안의 기둥이요 대들보요 주춧돌이다.
내 미래의 삶에 없어서는 아니 될
햇빛이요 바람이요 달님이요
샘물이기도 하다.

아내가 홀연히
먼저 세상을 떠난다면
내 아무리 노력한다 하더라도
아내의 빈자리
메우거나 대체할 수 없고
외로움과 고독의 나날일 것이다.

내가 어느 날
아내보다 먼저 하늘나라 간다면
난 아내의 영혼으로 둔갑하여
이른 봄 새싹 돋우는 이슬비처럼
가을 갈대밭 출렁이게 하는 바람처럼
마음의 평안(平安)만을 선사하며
아내의 일거수일투족을
알뜰히 보살펴 주며
알뜰하게 살 것이다.

보석 같은 당신

누가 뭐라 해도
당신은 오늘도 내일도
죽을 때까지, 그 이후에도
내겐 없어서는 아니 될 보석입니다.

다이아, 금만을
보석으로 볼 수는 없습니다.
당신의 따듯한 손길
언제나 미소 짓는 얼굴
반짝반짝 빛나는 눈빛
모두가 내겐 귀중한 보석입니다.

당신이 내 곁에서
늘 사랑으로 보듬어 주었기에
내가 오늘까지 존재할 수 있었고
내일도 당신의 보석 같은 사랑 속에
내 삶을 지켜 나갈 것입니다.

당신이야말로
우리에게 슬픔, 괴로움, 절망을
송두리째 잊게 하는
버팀목이요, 대들보요, 주춧돌이요
영혼의 아름다운 동반자요
보석입니다.

유머

유머는
웃음과 즐거움을 자아내
몸 안의 기를 돋아 주고
긍정적인 마음 유도하여
신체의 면역력 강화시켜 준다.

유머러스한 사람은
열린 마음의 소유자로
뛰어난 화술도 지니고 있다.
인간미와 친근감 남보다 앞서며
얼굴에 늘 웃음꽃 피운다.

유머를 즐긴다고
화기애애한 분위기에
막말이나 헛소리 해 대는 습관
남의 자존심 해치는 어투
잘났다고 자랑하는 말버릇
모두모두 금기 사항이다.

유머는 언제나
마음을 유인하는 마력(魔力)과
시사성 있어야 하고
우리들 정서에 맞아야 한다.
무엇보다 폭소를 유도하고
풍자(諷刺)와 해학(諧謔)이 깃든
말을 구사해야 한다.

노년에
웃음이 일상화되고
웃음꽃 피면
행복하고 아름다운 삶의
여정(旅程)이다.

구름 인생

하늘에 떠도는 구름
우리들 삶의 한 여정과 같다.

하늘을 아름답게 수놓은
흰 구름 뭉게구름 새털구름 모습
물결치는 구름의 신비로움은
파란 하늘과 서로 어우러져
경이로운 장관(壯觀)을 연출한다.
오로지 인류 평화와 사랑을 촉구한다는
하늘의 뜻을 품은 채…

맑고 푸른 하늘
이따금 뭉게구름 한두 조각 유유자적하며
이곳저곳 정처 없이
누가 잡지도 않고 누울 곳도 없다.
구름의 신세와 처지는
우리 삶의 현실을 대변하는지…

어느 날 느닷없이
검은 먹구름 떼 지어 몰려오면서
천둥번개와 광란의 빗줄기 쏟아 내고
사방은 햇빛을 가두어 어두컴컴해진다.
순간 하늘을 뒤덮은 광란의 서스펜스
신의 저주가 온 누리를 지배하는 듯
소나기 춤을 춘다.

저녁나절
서산마루에 걸친 저녁노을
오만가지 형형색색의 아름다운 색깔
우리들 삶의 일상도 이처럼
아름답고 행복해질 수 있다면
나의 삶도 이렇게…

그 사람의 그릇

그 사람이 늘
그릇이 크다는 평을 받으면
사람 됨됨이나 용기 배짱이 남다르고
본받을 가치가 있는
훌륭한 인물임이 분명하다.

그릇이 겉으로
크게 보이기도 하지만
그릇 안이 텅 빈 사람도 있다.
더 갖겠다는 욕심만 크고
남을 속이거나 과시의 달인이며
허세(虛勢)에 능한 사람이다.

그릇이 크지 않아도
내실(內實) 있는 사람이 있다.
덕망(德望)이나 유명하지는 못해도
착하고 부지런한 사람이
실속 있고 존경받는다.

덩치만 큰 그릇은
깨어지기 쉽고
빈틈도 많기 때문에
안의 알맹이도 크지 않아
쉽게 빠져나간다.

그릇의 규모가
작다는 평을 받더라도
그릇이 큰 사람 이상으로
부지런하고 착한 사람이
훌륭한 사람이다.

그의 말 한마디가…

1.
그의 말 한마디는
내 심금을 울렸고
내 심장에 뚜렷이 각인되었으며
그를 상징하는 언어로
내 영혼을 붙잡고 말았습니다.

2.
그의 말 한마디는
주옥같은 명심보감(明心寶鑑)으로
내 인생행로를 결정한 좌우명으로
내 삶을 인도하였고
내 삶을 성공의 길로 이끌어
대문을 활짝 열리게 하였습니다.

3.
그의 말 한마디는
교회 종소리의 울림처럼
절간의 흩날리는 풍경 소리같이
대나무 숲 바람 소리처럼
계곡의 물결 소리같이
내 마음의 정결을 매듭지었습니다.

4.
그의 말 한마디는
내 생의 대들보와 주춧돌 되어
내 영혼의 삶까지
변함없이 끝끝내
곁에서 지켜 주고 있습니다.

혼자라는 생각

황량한 벌판에
홀로 서 있는 고목(古木)
석양 노을에 비친 풍경은
내 설렘을 만족시켜 주고 있네.

마을 앞 입구에
동내를 수호하고 있는 느티나무
버팀목이자 수호신 역할 이어 온 지
몇 백 년 홀로 우람함 변함없이
우리 동네 사람들 지켜 주고 있네.

숲속에 고즈넉이
홀로 핀 파란 연두색 풀꽃
개나리 진달래 무리 지어 있는 꽃보다
외롭지만 영롱한 모습
한결 청초하고 우아함 자랑하네.

내 나이 90을 바라보며
혼자임이 드러나 실감하는 신세
가족도 친구도 멀어지고 떠나지만
나 홀로 지내는 내 삶이
거추장스러움 덜하고
사색에 더 집중할 수 있네.

이제 나에겐
친구가 필요 없다는
안이하고 편안한 생각도 해 본다.
훨씬 편안하고
행복감을 느낄 것 같지만
왜인지 외롭기만 하다.
아무래도 이리저리 생각해 보니
더불어 살기가 좋은 듯싶다.

인생의 덤

80대 중반
천수를 능가한 삶인데
왜, 무엇 때문에 살고 있는지
어떻게 살아가야 바른 삶인지
답을 찾기 어려운 고비다.

이미 사회적이나 가정적으로
반드시 필요한 존재는 지났고
나를 찾는 사람도
내가 찾아갈 수 있는 사람도
별로 없는 게 분명하다.

덤으로 산다고
편하게 생각하고 살면 될 일
아내나 자식에게 부담 주지 말고
지금 죽어도 좋다는 인식에
혼신(渾身)을 다해 결의를 다지며
홀로 살 방안을
굳건히 구축하는 게 좋다.

승승장구하던 시절 그리워 말고
상실과 외로움 멀리
홀로 지낼 수 있는 나만의 길
처절한 전투에 임하는 자세로
의연한 마음가짐의 반석을 깔아
나만의 평온한 삶으로…

90대의 인생은
험난할 길이기에 겁난다.
전혀 다른 새로운 세상이
아마 덤으로 사는 삶이 아닐까…?
아니다. 기다리지 말고
주는 기쁨, 나누는 기쁨을
마음껏 누리고 살아 보자
그렇게 살 수 있을까…?

고집의 폐해

고집은
그 사람의 개성이고 특성으로
고치기 힘들다.

고집을
쉽게 접는 사람도 있으나
고집의 잘못을 인식하고도
자존심, 자존감, 체면 때문에
아집과 오기를 고수하면서
고집을 단연코 꺾지 않는
사람도 많다.

고집은
그 사람의 인격 상실이다.
사람 됨됨이와 고집은 상극이다.
고집 센 사람에게
친절과 유연성은 기대난이다.
성격을 거칠게 하고
고집이 점점 옹고집으로 변한다.

고집은
그 사람의 건강을 해친다.
고집으로 인한 불안, 초조감이
고독과 불안을 증폭시켜
정신적 건강 악화를 유발한다.
고집의 강도가 더욱 강해질수록
주변에선 고집 센 사람으로
더욱 유명해진다.

고집을
고치지 않고 고수하면
눈치도 염치도 메마른다.
상대의 주장을 제압하려만 하고
대화와 타협이 어렵다.
자연히 외톨 되기 십상이며
친구도 지인도 다 떠나간다.

자기비하의 끝

자기비하는
욕심, 허세, 불안에서
자신감을 잃고
열등감의 만연으로 누적된
자기학대가 맞다.

사람 사는 꼴은
천태만상의 모양이라…
자신의 결점만을 탓하거나
남과의 비교에 치중하면
못된 자기비하에 함몰된다.

나는 흙수저 출신이라
어쩔 수 없다는 자포자기라든가
헬조선이라고 하면서
국가, 정부 탓을 하는 경우도
노력하기 싫은
게으름의 못된 습성이다.

자기비하는
자기상실의 징표이며
증오와 갈등의 심화를 부추긴다.
허무하고 비참하다는
악령에서 깨어나지 못하고
자기 헐뜯기에 열중하다
끝내 자기혐오와
멸시의 늪에서 허우적대며
자기멸망에 이르고 만다.

자기비하의 함정이
깊어지고 장기화되면
심한 우울증이거나
공황장애에 빠지기 쉽고
결국엔
자기파멸에 이를 수 있다.

나는 필요한 존재

세상살이는
예나 지금이나 변함없이
치열한 싸움만 널뛰고
'너 죽고 나 살자'는 편 가르기에서
아무리 중립이라 외쳐도
어느 한편에 자유롭지 못하다.

나의 존재는
먹는 존재인가 먹히는 존재인가.
어느 편에든 존재감이 듬직하면
큰소리치며 제값 받지만
그렇지 못할 경우
멸시 속에 버림받는다.

나이가 들수록
나의 새 능력 수시로 보완하여
새로운 것에 도전과 인내로 감내하면
세상에 꼭 필요한 존재로서

자신의 합당한 가치 창조가 이루어진다.
약방의 감초 격은 못 되어도
괄시나 멸시를 받지는 않는다.

절대로 언제나
무용지물(無用之物)이란 느낌이나
그런 평(評) 받지 않도록
발길에 채는 휴지 되지 않도록
늦가을 흩날리는 낙엽 안 되도록
희망과 축복의 찬사를 받는
그런 사람으로 살아야 한다.

무엇이든
배우고 닦고 노력하면
게으름 버리고 부지런하게 살면
착하고 바르게 살면
노인이라도 필요한 존재로
거듭날 수 있다.

의사의 인성(人性)

요즘 의료계는
난장판으로 허송세월만 한다.

정부와 의사 단체 간 싸움에
의사들 병원 떠나고
애꿎은 환자들 이리저리 방황
급한 환자 목숨까지 잃고 나니
의사들 인심만 잃는다.

원래 우리나라 의사는
학창 시절 공부만 1등한 사람들
학교에서 가정에서의 인성 교육은
제로 수준일 수밖에 없고
의사로서의 본분과 자질을
배울 수 있는 기회가 없어
기본이 안 되어 있다.

의사들 대부분은
온통 우월 의식에만 젖어 있고
환자를 수익성의 물건으로 보는지
따듯한 말 친절함 예의는 오간 데 없고
우선 돈, 병원 수익 앞세워
3분 진료에 온갖 검사만 해 댄다.

이번 의료계 대란에서도
국민들은 의사 편에 서기보다는
정부의 입장을 지지하고 있음은
전적으로 의사들 책임 아닐까…?

국민의 건강과 안위를 우선시하여
환자만을 생각하는
그런 의사들
국민은 그들을 지지한다.

절세의 미인

어쩌다 전철 안에서
깜짝 놀랄 만한 미인(美人)을 본다.

전철 안이 다 훤하게 보이고
고급스러운 화장품 냄새 진동한다.

호텔 로비에서나 간혹 볼 수 있는 여인
무슨 이유로 전철을 탔을까 의문이다.

뭇사람들 시선 집중 받고 싶어서
과시하고픈 마음 넘친 탓일까…?

자기만족의 자족감에 흐뭇한 표정
저 잘난 맛에 사는 게 인생이라 하지만…

저 정도의 미(美)적 수준 갖고서
최대한 잴 수 있는 곳은 전철 안이란
낮은 수준의 안목(眼目) 작용했나…?

밖으로 드러난 미적 아름다움이
안에 내재한 아름다운 마음과
서로 조화를 이루어 발산할 때
그 여인이 미인으로서의 아름다움을
모두 갖춘 미인이다.

'절세의 미인'이란 평은
아무에게나 내릴 수 없다.

아버지는 왕따

아버지의 왕따는
어느 날 갑자기 찾아온 것 아니다.
조금조금씩 쌓이고 쌓인
아버지가 살아온 삶의 결과이다.

인지상정인가 인과응보인가…?
아무래도 가족 내에서
아버지의 입지가 약화된 게 맞다.
건강도 그렇고 경제권도 그렇다.
엄마에 비해 아버지의 권한은
지는 낙엽이 바람에 휘몰리는 신세다.

심하게 평하면
아버지는 용도 폐기로 전락한 셈이며
발언권을 유지할 카드도 없다.
아버지는 자식들의 눈에 비껴가고
엄마의 눈치 보기에 급급하다.

아버지로선
왕따 당하는 신세 느낌이
섭섭하고 서글프며 억울한 일이다.
삶의 순리요, 숙명이라고
자위하고 위로해 보지만
하늘을 원망할 수밖에 없다.

불안 심리

불안하다는 심리는
내가 만들고 내가 겪는
심리적 고통이다.
남의 말이나 물리적 충격에 의해
형성되기도 한다.

고독을 느끼며
우울감이 심해도
자신도 모르게 불안해진다.

불안은 마음의 병(病)이다.
불안하면 이것저것
근심, 걱정에 휩싸이면서
몸 안의 컨디션도 나빠지고
마음과 몸의 병이 겹치어
우울증에 빠지고 만다.

우울증이 깊어지면
십중팔구는 불면증을 자초하며
급기야 죽음이라는 공포(恐怖)에서
쉽게 헤어나지 못한다.

매일매일 즐겁고
할 일 있고 바쁜 나날이면
불안은 깃들 틈 없으며
감사의 마음 돋아난다.

노인의 고집

나이가 깊어 갈수록
고집의 강도는 굳어만 간다.
양보와 이해에서도 소극적이고
남의 말에 주책없이 끼어들어
친구들 간 분란도 조장한다.

아내와의 대화에서
자식들과의 관계에서도
자기 고집 아예 포기하려 들지 않는다.
불통이 마침내 불능을 삼켜도
아랑곳없이 자신의 고집 고수한다.

자신의 주장이 하늘인 양
사상누각(砂上樓閣)임이 밝혀져도
이리저리 땜질 처방에 주력하고
내 잘못을 인정하지 않으며
남 탓에 열을 올린다.

고집을 꺾기 어렵더라도
함박눈 쏟아진 후 날씨 포근하듯
이른 봄 얼음이 스르르 녹듯
고집을 내동댕이쳐
녹아 없어지도록 버려야 한다.

늘 언제나
양보와 뒷걸음의 뜻을 간직한 채
고집의 올가미를 벗어나
인간의 도리(道理)를 앞세운
지혜로운 인성을 지닐 때
인간다운 면이 돋보인다.

아내 없는 삶

아내가 없다면
삶의 의욕 소진되어
기(氣)와 힘 점점 악화되고
고독에서 벗어나지 못한다.
혼밥(孤食)의 식사를 하다 보니
자연히 이웃과 친구가 싫어져
내 자신도 싫어지고 만다.

별일 아닌 척
전과 다르다는 내색 전혀 없이
혼자가 되어도 잘 산다고
네깐 놈들 다 필요 없다는 양
나만의 새로운 삶의 영역을 개척
혼자만의 일상을 도모해 본다.

홀로된 아버지
자식들 좋아할 리 없고
무시함 심해진다.

배반감에 젖어 자책도 하지만
주변의 친구도 하나둘
세상 떠나 더 외로워진다.

삶의 터전 허물어진 처지에
아무리 노력하더라도
아내의 빈자리 메우거나 대체할
방법 전혀 없고
앞이 더욱 깜깜해진다.

인생의 마지막 길
나만 아니라 다 그렇다고
포기하고 자책하며
황혼의 마지막 길 걷는다.

Ⅱ.
삶의 여로(旅路)

나의 소망(所望)

도처에 봄소식…
따사로운 햇살 봄바람에
개나리 진달래 꽃순 내밀고
질세라 쑥 톳나물도 푸릇푸릇
버들강아지마저 불쑥 동참한다.

나도 이내 봄을 타는지
80대 중반의 나이에도
내 소원 희망이 부풀어 올라
꿈같은 소망 가져 본다.

멈추었으면…
올봄 주변 친구들 여럿
눕고 쓰러지고 하늘나라 갔다.
이젠 다들 안 아팠으면…
저무는 해는 아름답기도 하다.

걸을 수 있으면…
누우면 죽고 걸으면 산다.
오늘도 내일도 무사히 일어나고
아내와 같이 만 보 오천 보 꼭
걸을 수 있기를 바란다.

주머니 더 비지 않았으면…
보고 싶은 것
먹고 싶은 것
푼수에 맞도록
다 접하고 맞이하고
건강하게 살기를 원한다.

아니다. 저 높은 곳
나의 소원 희망이 좌절되어도
난 겸손에 징검다리를 놓고
욕심일랑 버리고 순수하게
오늘도 내일도
오직 감사하며 살아가련다.

사랑과 믿음

당신이 원한다면
기꺼이 가지요 당신에게
가장 좋은 방법 찾고 있으니
조만간 당신 있는 곳에서
함께할 것이에요.

당신이 부르신다면
저 지평선 넘어서라도
비바람 폭풍에 실려서라도
내 몸 사리지 않고
당신 곁으로 갈 것이에요.

당신이 보고 싶다면
조용히 눈 감고 잠들어
꿈속에서라도 당신 만나
우리의 사랑과 믿음이
영원히 변치 않고 있음을
당신에게 보여 줄 것이에요.

당신이 정말 바란다면
내 영혼의 그림자로
내 혼과 당신의 혼이 겹치는
영혼의 반려자를 만들어
다시 태어날 것이에요.

내 마음의 복수초

외딴 산골짜기 벼랑
희끗희끗 남아 있는 눈
얼음 틈새 눈덩이 힘겹게 비집고
보란 듯 피어난 노란 꽃 몇 송이
복수초 군락 이루고 있네…

복수초야말로
생명 순환의 경이로움이요
겨우내 숨죽인 만물이
봄 햇살 머금고 피어나는
새 삶의 첫 잔치가 맞네…

내 마음 내 몸에
잔설 버금가는 감기 기운
일거에 걷어 내고
힘차게 솟아나는 복수초처럼
소생(蘇生)을 기대하며
용기를 갖는다.

내 삶의 마중물

옛 시골집
마당가 우물은 펌프 겸용이다.
물 한 바가지 마중물 넣으며
손잡이 펌프질 힘껏 해 대면
지하의 물 펄펄 올라온다.

노화로 점철된 내 삶에
새로운 활기 되살릴 마중물은
무엇일까, 있기는 할까…?
마중물이 필요 없는 삶도 있겠지
언제나 마중물이 마르지 않는
사람도 있기는 할까…?

내 삶이
어디로 가고 있는지…
어디쯤 와 있는지…
잘못된 곳에 유기된 것은 아닌지…
마중물은 내가 만들 수 있고

내가 직접 넣은 다음
힘 있게 저을 수 있다.

허우적대지만 않으면 된다.
내 마음속에 있는
화해와 용서, 겸손과 배려, 나눔과 베풂을
일구어 내어 내 것으로 만드는 것
이게 바로 내 삶의 마중물이고
나의 힘과 기운을 다시
오름의 길로 인도하는 것
이게 바로 내 삶이다.

나에게 남아 있을
마지막 힘과 기운을 모두
내 남아 있을 짧은 삶에
모두 쏟아붓는다는 일념으로
앞으로 정진하자…!!

걷기 운동

규칙적인 걷기 운동
내 생명선 유지의 보루이자
최적의 방어선이라는 생각에
공감하며 동의하고 싶다.

공원을 산책하거나
뒷산 둘레길 걷기도 하며
마을 앞 개울가 산책길도 걷는다.
하루에 6천 보 이상을 지켜
운동의 실질적 효과 도모한다.

비가 오나 눈이 오나
걷기 운동의 중단은 없다.
걷기 하며 마음의 운동도 겸한다.
명상과 생각의 틀을 구상하고
노래도 간혹 부르며
시상 시구 시어를 함께 정리해 본다.

걷기의 공간은
내 마음을 치유하는 쉼터이다.
걷고 나서 느끼는
몸과 마음의 산뜻함과
날아갈 듯 기쁨의 충만함은
건강을 위한 최고의 선물이다.

친구의 필요성

나이가 들수록
주변의 친구도 줄어들고
친구에 대한 그리움도 뜸해진다.

친구가 필요 없다는 주장에
합리성 있다는 생각도 들고
내 자신 친구와의 관계도 귀찮아지며
혼자의 삶이 편하기도 하다.

내가 지금 큰 사고를 당했다면
친구가 힘이 되어 줄 수 있을까…?
의문과 부정의 답이 먼저 와닿고
가족만이 나의 보호막이 될 수 있다고
인정하고 만다.

친구는 친구일 뿐 이젠
하늘에 떠도는 구름에 지나지 않고
장마에 떠내려가는 저 오막살이 집인지

피었다 지는 장미꽃과 같지는 않은지
친구가 많으면 많은 대로
필요악(必要惡)일 경우도 있다.

아니다. 죽을 때까지
보고 싶고 만나고 싶은 친구는 있다.
자연의 지당한 순리를 마다하고
억지로 멀리하고 거역하여
불행을 자초할 필요가 있을까…?

친구와 묶인 쇠사슬
살아가는 데 큰 부담이 되더라도
인륜(人倫)을 저버리고 사는 것은
인간의 도리(道理)가 아니다.
삶의 말기에
제일 무서운 것
피하고 살아야 할 문제는
바로 고독사(孤獨死)라는 것
명심할 필요가 있다.

친구를 그리며

친구야…
봄기운 완연하구나,
아직은 아지랑이 안 보이지만
저 멀리 들판에 네 모습
봄소식 희미한 햇빛에 섞이어
어슴푸레 보이는구나…

네가 내 곁을
떠난 지는 오래고
너 혼자 나를 두고 간 길
험하고 첩첩산중인 줄 아는데
너는 어떻게 지내고 있는지
왜 아무 소식도 없는지
너무 궁금하구나…

너와 함께
그 시절 학교 뒷산에 올라
개나리 진달래꽃 꺾고

진달래꽃 몇 개 따 먹고는
허기진 배를 움켜잡으며
서로를 달래 준 서글픈 기억들
아직도 생생하구나…

네가 있고
내가 있는 세상이었는데
꿈도 서로 같았고
서로 쳐다보며 눈물도 흘렸는데
지금은 나만 홀로
나의 정이 도량이 부족했는지
난 정말 모른다.

좋은 친구

80대 중반에 들어서니
그 많던 친구들 기다렸다는 듯이
하나둘 하늘나라로 여행
돌아올 수 없는 길로 갔다.

나도 이곳저곳 편치 않고
언제 어느 때 하늘 친구 따라갈지
아무도 나도 전혀 모른다.
오른손 친구, 왼손 친구 다 떠나니
길 잃은 외기러기 쓸쓸한 것처럼
나 홀로 살고 있는 듯
검은 먹구름 떼로 밀려오듯
외로움에 고독이 겹치니
스스로 겁이 덜컥 난다.

내 주변에
좋은 친구, 믿을 친구가 없지 싶다.
남아 있는 친구들

이리저리 저울질해 보니
내겐 좋은 친구 없는 것 같다.

좋은 친구 없이
삶의 말기 행복할 수 있을까…?
삶의 실종, 죽음의 공포가 온다면
섣부른 잣대요, 지나친 걱정인가…?
좋은 친구 없으면 어때
친구에 연연할 필요가 있을까…?
삶의 끝자락엔
혼자가 더 편할 수도 있으니
두려워하거나 절망하지 말라 했다.

오늘도 내일도
가장 가까운 내 아내가 내 옆을
튼튼히 지켜 주고 있다는 사실
복이라면 대복(大福)이라
명심(銘心)하고 살자.

코다리찜과 친구

코다리찜 하면 그 집
점심때면 긴 줄 기다림 늘어선다.

재료랑 온갖 정성 다 같은데
코다리집마다 맛은 천차만별이라
그 집 아니면
코다리찜 맛은 제로이고 노가 답이다.

코다리찜 맛은
막걸리나 소주를 곁들여야
맛이 제대로 나고
붉은색 얼큰한 찜이라야
고유한 맛 향 풍기며
뭇사람들 유혹한다.

코다리찜과 황태찜은 4촌간
그 친구가 황태찜 고르면
난 코다리찜 양보하는데…

가격과 털털한 맛 코다리찜이 앞서지만
황태찜의 맛깔스러운 입맛에
난 그를 이해하고 만다.

그와 나는
코다리찜 맛에 서로 익숙하면서
코다리가 살아온 넓고 깊은 바다처럼
서로 떼려야 뗄 수 없는 정 붙이고
바다처럼 그의 깊은 마음에
난 스스로 감동하며
그 친구를 진심으로 사랑한다.

좋은 습관

어느 누구든
한두 가지 좋은 습관 갖고 산다.
나쁜 습관 버리고
좋은 습관 늘려 가야 하지만
우리네 삶 그렇지 못하다.

인생의 성공 여부도
좋은 습관 견지하고
그 습관의 장점을 발굴하여
일상화하는 데 달려 있다.

습관은 언제나
건강하고 건전함 요구된다.
나태하고 변절 심한 습관은
효과도 전무할뿐더러
삶의 질을 후퇴시키고 만다.

좋은 습관의 정착은
내 삶을 옳은 방향으로 이끌어
한 단계 더 업그레이드시키는
삶의 촉진제(促進劑)가 된다.

일찍 자고 일찍 일어나고
정해진 시간에 적당한 운동
과식, 과음, 낭비 자제
나눔과 베풂에 솔선
착하고 부지런한 삶
가장 좋은 습관이다.

첫사랑 연가

사랑이 무엇인지
알 것도 같았으나 몰랐고
덤덤하고 아리송하기만 했다.

난 그녀가
보아도 또 보고 싶었고
그리운 마음 그지없었고
헤어지긴 정말 싫었고
그녀가 좋기만 했다.

목소리만 들어도
발자국 소리만 들어도
그녀가 윗말 옥이인지를
늘 알아차렸고
손만 잡아도 온몸이
떨리고 저려 옴 느꼈다.

그녀가
물동이 이고 지나갈 때
오동나무 옆 서 있을 때
내 집 앞 지나 학교 갈 때
그녀는 분명 선녀였고
그믐밤 달덩이였다.

그녀가
시집갔다는 말 듣고는
난 숨이 꽉 막혔고
앞이 전혀 안 보였으며
바로 죽는 게
더 좋을 것 같다는 생각이
내 머리 지배하였다.

그녀의 뒷모습

윗말 과수원집 옥이
주막거리 나타나기라도 하면
달덩이 출현에
온 신작로 훤하게
꽉 차고 밝아짐 느꼈다.

그녀의 매력은
동네 어른들 칭찬하듯
부잣집 맏며느릿감으로 이름났고
옥이 아범 늘 으스댐을
모두가 인정할 수밖에 없었다.

옥이 성년 된 후
그녀의 아름다움은
앞모습의 보름달을 훨씬 초월해
뒤태의 마력에선
그 매력 넘침을 막지 못했다.

그녀 옥이의
가냘픈 허리 곡선하며
동그란 히프의 날렵한 뒤태
상상을 초월할 정도의
'환상(幻想)'이란 말이
부족하고 미흡했다.

눈을 떠도 감아도
꿈속에서도 현실에서도
그녀의 뒷모습 지닌 아리따움은
내 영혼의 반려자로 동반자로
오래오래 각인되어 있다.

복(福)과 운(運)

복과 운에서
유달리 복 많은 자 있긴 하다.
그렇다고 복이나 천운(天運)이
하늘에서 뚝 떨어지는 경우는
거의 없는 게 정설이다.

복과 운을 두루 갖춘
금수저 출신이라도
처연한 각고와 혼신의 노력 없이는
최정상에 오르기 어렵고
하루아침에 흙수저로 전락하여
복과 운이 소멸될 수 있다.

복과 운만을 믿다간
허상(虛像)으로 끝날 수 있고
혹한이나 태풍을 만나거나
비바람에 흩날리는 낙엽처럼
인생 파탄의 지름길로 빠질 수 있다.

행운(幸運)은
기적과 동반하지는 않는다.
노력하는 사람에겐 호운(好運)
운만을 즐기는 삶엔
액운(厄運)만이 기다린다.

행운의 꽃을 따 먹기보다
나눔과 베풂에 솔선하면
운과 복의 꽃은
아름다운 개화기를 맞아
만개(滿開)함이 다가온다.

내 삶의 종착역

우리 아파트 단지는
앞 개울물 소리 정겨움 흠뻑
입구에 큰 느티나무 보호수 버티고
옆 공원엔 꽃나무, 체육 시설 잘 정돈되어
산속의 전원 아파트로 평점 높다.

사람 사는 곳
다 천양지차(天壤之差)이지만
20여 년 이곳에 살다 보니
미운 정 고운 정 다 들어 좋다.
당초 전원생활의 꿈도 열매 맺고
그 덕으로 건강하게 살아온 결과인지
이제는 삶의 끝자락
이곳에서 마감한다는 절박감에
동의하고 산다.

저녁노을 기운 뒷산 바라보며
내 삶의 마지막 여기서…
더 살기 좋은 곳 있겠지만
살아온 곳 현실에 만족하고
모든 것 고맙고 감사하다.

내 아내 사랑하며
이 아파트 내 삶의 종착역으로 삼아
행복 다짐하며 살아가련다.

낙엽의 삶

낙엽을 보며
생각의 운치를 재 본다.
한 잎 두 잎 흩날리는 낙엽
그냥 지나칠 수 없고
못 본 체 외면하기도 어렵다.
낙엽에 담겨 있는
삶의 의미를 되새겨 본다.

늦가을 차디찬 비바람에
여름내 푸름을 자랑하던 나뭇잎
우수수 떨어져 포개지더니
촉촉이 적시어 산길 덮으며
삶의 끝자락이 필연인 양
자연의 순리 음미하고 있네.

수북이 쌓인 낙엽
사뿐히 지르밟으며
앙상한 나뭇가지 보는 마음

가을 타는 성격 탓인가…
아파서인지, 시리고 아려서인지
가슴속 한(恨) 깊어만 가네.

낙엽은 이내
몸 다 바쳐 희생의 길 택해
흙 속에 묻히어 새봄 기다린다.
나무의 슬픈 잎은
새싹의 빛을 돋우어 주는 힘으로
삶을 마감하고 행복에 잠긴다.

마음의 상처

누구나
마음의 상처 받으면
마음 아파 하고 한(恨)으로 남겨
마음속 깊이 간직합니다.

우리들 일상에
늘 맞이하고 당하는
마음의 상처 깊은 질곡의 늪
슬기롭게 헤어나지 못하고
상실의 세계에서
우왕좌왕하기 일쑤입니다.

고온(高溫)에 구운 도자기가
빛나고 단단하듯이
철이 고온에 달군 후 두들길수록
튼튼한 강철로 변화하듯이
온갖 상처들 이겨 내는 사람
어려운 난관도 극복할 수 있습니다.

비를 맞고 난 사람이
석양의 무지개를 볼 수 있습니다.
밤하늘 헤매는 사람이
별들의 반짝임도 볼 수 있습니다.
마음속 어려운 상처도
정들이고 삭이고 치유하면
비 온 뒤 무지개나 밤하늘의 별같이
다시 환골탈태하여
빛날 수 있습니다.

삶의 무수한 상처들
상처를 온화한 정으로 승화시켜
관계를 증진시키는 기회로 삼거나
상처를 꿈과 희망의 디딤돌 삼아
재도약의 계단을 만들어
다시 성공하는 사람 많습니다.

보릿고개 추억

보리밥에 대한 연민의 정
아득하고 깊기만 하다.

그 옛날
오뉴월 보릿고개 익어 갈 무렵
광 안의 쌀독에선 덜그렁덜그렁 소리만
온 식구들 배고픔이 절정에 꼬르륵꼬르륵
모두가 햇보리밥 식탁에 오르기만
손꼽아 애타게 기다리던 그때

엄마와 우리 4남매들
앞마당에 멍석 2개 깔고
청보리 도리깨질로 급히 타작한 후
디딜방앗간에 다리방아 찧어 도정했지
엄마는 온 식구 꽁보리밥 가득 퍼 주고
모두 청국장에 열무김치 마음껏 비벼 먹으니
모처럼 저녁 밥상머리
행복한 웃음꽃 피우고 말았네.

그저 그렇게들 먹고사는 게
우리들 일상이었고
조만간 큰 변화가 오리라고
기대하지 못한 채 몇십 년 살았는데…

내 나라 경제 급진적으로 발전하자
보릿고개 어느새 우리 곁 떠났지
오래전부터 쌀이 남아돌아가는 세상
보리밥은 영양 균형을 위한 잡곡밥으로
밥상을 지키고 있을 뿐이야…

하늘나라 엄마는 지금도 배고프신지
우리가 그 귀한 흰쌀밥 피하고
잡곡밥 먹고 있는
배부른 처지를 알고는 계실까…?

유전자와 건강

명석한 두뇌는
태어날 때 지니고 나온다.
건강도 유전이 30~40%라는 지적을
거부하거나 무시할 수 없다.

공부 잘하는 것
본인의 의지 노력이 좌우하지만
부모로부터의 유전, 관리가
큰 요인으로 작용함을
부인하지 못한다.

옛날 결혼 말이 오가면
먼저 상대의 집안을 두루 살핀다.
무엇보다 그 집안의 어른들 상황과
경제력을 낱낱이 살펴보겠다는 의도이다.
'개천에서 용(龍)이 날 수 없다'라는
옛말을 중시하는 태도이다.

유전자의 호불호(好不好)가
인생의 성공을 보장하지는 않는다.
성공은 기적도 아니요, 유전자도 아니다.
확실한 목표에 대한
끝없는 도전과 노력의 결과요
실패해도 재도전을 반복하는
부단한 용기와 실천의 결과이다.

건강도 유전자보다는
철저한 자신의 건강 관리가 우선이다.
나는 건강하다고 믿다간 어느 날
'믿는 도끼에 발등 찍힌다'는 속담이
현실로 둔갑함을
철저히 되새겨 보아야 한다.

맨발 황톳길

숲길 산책로
맨발로 황톳길을 걸어 본다.

숲속의 자연과 함께
흙의 남다른 촉감을 느낀다.
물 새 바람 소리 들어 가며
소나무 항균 피톤치드와
황토 기운이 온몸에 스며
기분이 상쾌해진다.

황톳길 맨발 걷기는
발바닥 근육을 강화시키고
온몸의 혈액 순환도 개선시키며
몸 안의 각종 염증 해소에
도움을 준다고 한다.
나빠졌던 건강이 점차 호전되는
치료와 치유도 된다고 한다.

맨발 걷기야말로
걷기 운동의 보약이요 지혜요
'맨발의 청춘'을 보증한다고
주장한다.

무엇이든 과하면 안 좋다.
더욱이 노약한 노인에겐
맨발 걷기 운동이
발바닥 건강을 일시에
악화시킬 수 있다는 것을
명심해야 한다.

의자 인생

일하거나 공부할 때
서서 하는 것보다는 의자가 편하고
회의, 회담할 때도 의자에 마주 앉으며
목욕할 때도 의자에 앉는다.
쉬어 갈 때도 의자에 앉고
여행 갈 때도 의자에 앉아 간다.

의자는 약자는 물론
강자에게도 필요한 삶의 버팀목이요
재충전의 기운을 돋우고
도약의 길에 새 출로를 열어 주는
안내자의 역할을 한다.

삶의 여정에서
남에게 기대서 사는 것보다는
남을 도우며 기댐이 되어 주는
그런 삶이 보람이요 축복이니라…

정이 듬뿍 넘치고
겸손을 으뜸으로 한 자세로
용서와 이해의 마음으로
대가를 기대함 없이
남의 의자가 되어 주는 마음가짐
축복(祝福)받아 마땅하다.

자전거 추억

옛날 보릿고개 시절
자전거는 갖고 싶고 타고 싶은
일종의 사치품이요, 귀중품이었다.

자전거 타는 사람들
으쓱으쓱 뽐내고 자랑스러운 표정
일품이었고 꼴불견이기도 했지
우리 마을에 자전거 있는 집
면장 집, 방앗간 집, 양조장 집 정도인데
문명의 이기인 자전거
부러움의 대상이었다.

지금 자전거는
대중용이요, 운동 기구이기도 하다.
더 발전한 따릉이, 킥보드도
신용 카드만 있으면 아무나 탈 수 있다.
도심이나 시골길 어느 곳에도
자전거 도로는 말끔히 정돈되어 있다.

예나 지금이나
자전거 페달 밟으면 밟을수록
시원하고 날아갈 기분 상쾌하다.
아침 햇살도 서늘한 강바람도 저녁노을도
모두가 내 편인 양
자전거와 자연, 내가 일시에
한 몸이 된다.

자투리

자투리는 시간이든 물건이든
남아도는 것 용도 폐기 하면
흔적 없이 사라져
무용지물(無用之物) 되고 만다.

자투리 시간은
버리면 아깝고 필요하기도 하여
소중하다는 생각으로
여기저기 유용하게 사용해 보면
삶의 보물이 되고
도약하기 위한 디딤돌도 된다.

옛날 천으로 옷 해 입던 시절
자투리 옷감들 모아
보따리에 넣어 쌓아 두고
헤진 옷, 양말 기워 입는 데 이용했다.
자투리 잘 이용하는 며느리
살림 잘한다고
시어머니 사랑도 듬뿍 받았다.

직장 생활 중
자투리 시간 최대한 틈내어
어학이나 기술 자격 습득에 몰입
퇴직 이후를 대비하는 자
제2의 인생길 개척에 성공하여
두루 잘 살고 건강하다.

무엇이든 자투리를
제대로 쓰고 이용 잘하는 사람
자투리를 무시하는 사람보다
앞서가는 게 당연지사이다.

시베리아의 겨울

1.
시베리아 러시아인은
늘 음산함이 몸에서 배어 나온다.
기후 탓이기도 하지만
엉큼하거나 이중적이지는 않다.
겨울은 10월부터 이듬해 5월까지
5월에서야 아무르강(江) 물 녹는다.
긴 겨울 눈 덮인 속의 시베리아
모두가 우울감에 젖을 수밖에…

2.
영하 35~40도의 지속적인 추위
아무리 방한 옷 잘 갖추어도
5분 이상 밖에 서 있기 어렵다.
부동항 획득, 남으로의 영토 확장은
이런 러시아의 지리적 여건과
러시아 국민 정서와 맞물려 있다.
러시아의 우크라이나 침공도

러시아의 국민성과 일맥상통하는
침략 근성의 발로이다.

3.
얼마 전 푸틴·김정은 간 무기 거래가
서로 맞아떨어진 이익이 무엇인지
그 여파의 야비한 비밀의 야합이
한반도로 엄습해 오지는 않을는지…?
천하의 못된 무뢰한 깡패 두 놈
시베리아 겨울을 빼닮은 푸틴·김정은
진정 그들이 원하는 것이 무엇인지
인류 생존의 존엄성을 이해는 하는지
세계 평화와 인류애를 알고는 있는지
그들에겐 인간성이 제로일 뿐이다.

4.
푸틴·김정은의 새 인간으로의 환생을
우리 모두 바라고 원하는 바이지만
모두 기대난이고 희망이 없다.
그들의 영구 소멸만을 우린
두 손 모아 기원할 뿐이다.

술의 유혹

술 마시면
흥이 나고 기분도 좋아진다.
멋과 낭만 풍류도 느끼지만
강한 중독성을 지닌
마약임이 분명하다.

술을 많이 마시면
음주의 반복이라는 악순환이 이루어져
사람의 생명까지 앗아 가는
술의 해악(害惡)에 얽매여
자유롭지 못하다.

술꾼들은
절주와 금주를 다짐하고 결심하지만
성공하지 못하고
그만큼 술의 유혹을 떨쳐 내기 어렵다.
다시 술의 마력에
빠지고 만다.

술을 탐닉하는 사람들
의사가 금주의 경고를 내리면
그날로부터 의사의 뜻을 따른다.
건강이 좋아지면
자연의 순리처럼 대부분
음주를 다시 시작한다.
술은 마약이나 다름없다.

항구의 사람들

항구에 먼동 트면
사람들 웅기중기 시끄럽고 아우성이다.
멀리 고기잡이 갔다 돌아온 어부들
수산물 정리하느라 숨 가쁜 아낙네들
그들 검은 얼굴엔 지친 모습 역력할 뿐
웃음꽃 찾아 보기 어렵다.

큰 여객선 떠나고 들어오니
섬으로 들어가는 사람들
육지로 나가는 사람들
손잡고 울고 웃는 사람들 즐비한데
희비 엇갈리는 사연들
도대체 무엇무엇일까…?

바다와 함께 사는 사람들
무슨 한(恨)들이 그리 많은지
육지보다는 섬사람들 삶의 곡절 많겠지
뱃고동 소리처럼 하염없는 고통도 슬픔도
그들만의 전유물은 아닐 텐데…

검은 바다 저녁노을 일자
언덕배기 등댓불 아랑곳함 없이
성난 파도 몰아치는데
외로운 갈매기 떼들만이 저 멀리
바다 위를 수놓는다.

4.11 총선 결과

1.
노인 세대를 비롯한 우파 세력은
이번 총선에서 여당이 대패한 결과를 맞이해
너무나 황당하고 놀란 나머지
너 나 할 것 없이 모두가 멘붕에 빠지고 말았다.
애초부터 여당의 승리는 기대난이었지만
161대 90으로 대패하고 말았으니
대통령 및 여당 인사들 쥐구멍이라도 찾아들어
남모르게 숨고 싶은 마음일 게다.

2.
선거에서 크게 졌다는 것은
국민의 지지를 잃었다는 것이요,
무엇을 몰라도 한참 모르고 자기만 잘났다는
겸손의 결핍 그 버르장머리 없이 잘났다는
극심한 자만과 오만(傲慢)의 질곡에서
조금도 벗어날 줄 모른 데서 비롯하였다.
더군다나 애초부터 선거를 경험하지 못한

사람들이 대선을 주도함으로써
전략, 전술이 모두 부실했다는 증거이다.

3.
그게 아니다.
국민을 속이고 속이는 데 능숙한 야당이
정치력 있는 전술을 택하여 이긴 것이고
여기에 한국 언론이 모두 야당 편에 기운 데다
우리나라 국민들 모두 무지하고 우매한 탓이었다.
아무리 그래도 어찌 대통령을 품은 여당이
자유, 민주, 공정을 기치로 하는 여당이
범죄적 집단이나 다름없는 좌파 야당에게
그토록 참패하고 그렇게 몰락할 수 있단 말인가…!!
여당은 정말 국민의 적(敵)이란 말인가…?

4.
숫자상으로 2020년 대선보다는 낫다는 평도 한다.
여당 의석이 비례 대표 포함 103석보다 108석으로
5석이 증가하였으니 더 나빠진 것은 없다는
자화자찬(自畵自讚)의 평을 하기도 한다.
이재명 조국은 조만간 재판으로 감옥행이 분명하니
너무 실망할 필요가 없다는 안이한 주장도 한다.
이들의 생각은 추호도 반성의 빛이 없는 것이요
무엇이 국가와 국민의 위기 국면인지를
진실로 자각하지 못하고 망각하고 있는 꼴이다.

5.
진실로 돌이켜 보건데
우리의 여당, 우파는 생존의 절박감이 없지 싶다.
죽고 살기의 필사적 절박감이 결여되어 있다.
총선의 대패에 이어 다음 대선에 정권이 바뀐다면
이런 가정이 나라의 존망이 걸려 있음을
내 일이 아닌 양 쉽게 지나치고 망각하고 있어

너무나 불안감 앞서고 앞이 깜깜해짐 피할 길 없다.
자유와 평화가 몰락할 수도 있다는 생각은
아예 잊어버리고 사는 것 같다.

6.
승부에 졌을 때 이길 수 있는 길이 보인다.
철저한 자성(自省)의 체질을 갖추어 나갈 때만이
희미한 재기의 희망이 보이게 된다.
만에 하나 그렇지 못한 채
금세 자신의 처지를 망각하고
또다시 오만한 자세를 견지하며
모든 걸 남의 탓으로 돌리는 자만에 빠지면
기회는 영영 사라지고
망국(亡國)의 탄탄대로가
훤하게 열리고 말 것이다.

7.
왜 좌파는 어떤 분열의 징후가 나타나도
지도부의 결정이 내리면
하나로 똘똘 뭉쳐 대우파 투쟁에
재빨리 하나로 뭉치어 공동 전선을 구축하는데
우파에는 왜 그리 반대론자, 이탈자들이 많은지
알다가도 모를 일이다.
이러한 정치 성향의 심화는
우리나라 이념의 세계에선
우리의 생존이 걸린 국가 안보에 있어선
자고로 민족주의자 이념주의자 종교 지도자가
설치는 나라에선
국민의 안녕이 보장될 수 없다는 게
만고의 진리가 분명하다.

III.
일상의 보람

설날 아침

입춘을 지나
설날 아침입니다.

우리 집 식구들 다 모여
떡국 한 그릇 같이 먹고
덕담 주고받으며
전에 없이 화기애애하게
서로 간 화목을 다짐했습니다.

내 나이 80대 중반이니
집안 내 가장 웃어른입니다.

내 가족 모두 한자리에 모여
내가 살아 있음에
설날 맞아 세배를 받음에
나로선 정말 고맙고
기적(奇蹟)이며 행운이라면
그렇다고 하겠습니다.

한 살 더 얹어
아들딸, 손주들에게 세뱃돈 주니
행복은 그리 먼 곳에
있는 게 아니라
바로 곁에 있음을 절감하면서
새봄을 맞이합니다.

봄이 오면…

곧 봄이 온다.
올봄에는
매년 결심하고 못 한 일
기어코 해내고 말아야지.

그중에
절주와 소식(小食) 노력이…
내 몸에 내 마음에
반듯이 정착하기를 기약한다.
정초 결심하지만
구름처럼 휙 날아간다.

바람 지나가듯
소나기 한차례 그치듯
또 작심삼일(作心三日)이라면
나는 내 인생 그만
여기서 포기해야 한다.

실패하더라도
가을에 또 겨울에
다시 새해엔
기필코 성공할 것이다.

봄의 두 얼굴

봄은 만물이 소생하는
희망의 계절이요.
꿈과 낭만이 어우러진 계절이다.

꽃 피고 새가 우는 저 산
들판은 온통 푸름 일색이고
따스한 햇볕에 내 등골 익을 듯
온갖 봄기운 힘 받아
봄의 여인들도 생기 남다르다.

만사에는 명암(明暗) 있듯이
화려함 뒤에 어둠도 서린다.
봄이란 대세에 승선치 못하고
남들보다 뒤처진다는 불만에
고독과 외로움 떨치지 못한다.
그만 좌절의 질곡에서
헤어나지 못해 후회하고 만다.

나의 못났음은
내 꿈이 활짝 피지 못하고
내 잘못이 아니라는 함정에서
네 탓 남 탓이란 이골에 젖어
침체의 늪 벗어나지 못하고
주저하기 때문이다.

또다시 반복하는
못된 버릇 습관
새봄엔 아주 잊어버리자.

5월의 새로운 각오

겨우내
얼어붙은 대지가
서서히 녹기 시작할 무렵
이 친구 저 친구 하나둘
해동(解冬)을 못 이긴 채
세상을 떠났다.

5월의 봄
온통 초록빛 물든 대지 위에
곳곳에 철쭉꽃 다시 붉게 타오르고
아카시아, 찔레꽃들 흰빛에
그윽한 향기 뽐내어 자랑하는데
친구들 오간 데 없이 휑하니
빈자리만 남기고 갔네.

너와 나 모두에게
힘주어 일깨우고 있는 저…
새봄의 향연 보지도 않고
무엇이 가는 길 그리 바쁘다고
나만 남겨 놓는 채
저 파란 하늘 위로 훨훨
제각기 날아가고 말았는지…

이제 내 나이 80대 중반
혼자라는 외로움에 더해
비록 허리, 무릎 편치 않아도
5월의 새로운 나를 만들고
더욱더 가다듬어
또 한 번 도약의 정신으로
여름을 맞이하련다.

복사꽃 옥이

옥이네 집 과수원은
무릉도원(武陵桃源) 별천지였다.

그녀의 생김생김은
은은한 연분홍색 얼굴에
수줍게 홍조 띤 입술과
살포시 찡그리는 눈매의 마력은
꼭 복사꽃 빼닮아
온 동네 총각들 기절하기에
넘침이 폭포였다.

복사꽃 옆 옥이가 서면
꽃과 그녀 구분하기 어렵거니와
그토록 고운 아름다움은
순수함과 우아함이 한데 어우러져
동네 처녀들 중
빛남이 최고였다,

그때 그녀를 보고
수줍고 용기 없어 못다 한 말
한없이 후회스럽고 원망스럽지만
지금도 복사꽃 보는 마음은
변함이 없다.

그녀가 시집간 날
우두커니 지켜만 보던 그날
난 똑똑히 기억하고 있으니
그게 죄라면 죄다.

소박한 밥상

소박한 밥상이
건강식이라고 한다면
옛이야기요, 무리한 평이긴 하다.
그렇다고 화려한 밥상이나 뷔페식이
건강한 밥상이라고 말할 수는 없다.

소박한 밥상이되
각 영양소를 적당히 골고루 갖춘
그런 밥상이어야 건강이 보장된다.
무엇보다도 식사는 지나침이
모자람만 못하다는 인식하에
육류, 생선, 야채, 곡류가 일정 비율로
골고루 조화를 이루면 최상이다.

나이가 들수록
누구나 편식하는 식품이 있고
조미료 과잉에 익숙할 수 있고
과식이나 소식에 치중할 수 있다.

이런 성향을 과감히 탈피하는
자기 나름대로의 모델을 확립하고
균형을 맞추어 실천해야 한다.

노년의 밥상에는
김치와 된장국이 우선이고
나물류와 생선 한 토막도 필수이며
이틀에 한 번 육류도 빼놓을 수 없다.
기름진 음식은 피해야
건강식이라 말할 수 있다.

식사는
가급적 시간을 오래 잡아
즐거운 분위기하에
좌우로 천천히 오래 씹으면
소화가 잘되어
건강은 자연히 보장된다.

쌈밥의 맛

쌈밥 하면
상추 쑥갓과 호박잎에다
제육과 수육이 한데 어우러져
제맛 자랑하고 뽐낸다.

상추하면
제철에 노지에서 자란 것
씹는 맛에 상큼함도 제일이지만
지금은 사시사철 쌈밥 재료이고
건강식품으로 자리 잡고 있다.

이를 놓칠 수 없어
우리 베란다에도 겨울철 내내
채소 화분에 상추 심어 기르니
텃밭 농사 상추와 함께
거의 일 년 내내 상추가
우리 집 식탁에 오르는 셈이다.

상추는
숙면(熟眠)을 유도하는 성분이 있어
잠이 적어 고생인
노인에겐 좋은 식품으로
우대받고 있다.

쌈밥은 혼자 식사하면
제맛 찾기 어렵다.
서로 나누고 권하는
여럿이 함께한 식자 자리라야
제격이고 제맛 낸다.

유머를 즐기는 삶

유머와 웃음은
서로 뗄 수 없는 불가분
실과 바늘의 관계를 넘는다.
웃는 사람에겐
언제나 행복이 뒤따른다 했다.

웃음은 삶의 보약이라
웃는 삶에는 걱정 사라지고
한참 웃고 나면 속이 시원해진다.
웃음 뒤엔 유머가 이어지고
유머를 즐김으로써
찌든 삶이 유머러스하게 전환된다.

웃음과 유머야말로
불안, 불만, 증오, 혐오, 잔인성이
난무한 우리 사회를
저 파란 하늘처럼
넓고 푸른 저 바다처럼
맑고 깨끗하게 정화시켜 준다.

웃음보따리에는
미움, 시기, 절망, 원망이
비집고 깃들 틈 전혀 없다.
오직 믿음과 사랑이 가득하고
내일의 희망을 약속하는
밝고 맑은 마음 깃든다.

펜의 위력(威力)

걸을 수 있는 것은
육체적으로 건강하다는 청신호요
펜이 살아 있다는 지적은
정신적으로 건강하다는 뜻이다.

펜은 삶의 과정을 통해
세상 보는 눈을 뜨게 하고
마음 수행의 바름을 가리키며
행동거지의 정도를 선도함으로써
지성인의 훌륭한 인격을
배양해 준다.

그 사람 펜이
정론(正論)의 주장으로 일관할 때
말보다 강한 위력을 지니고
그의 지성은 유명세를 타며
뭇사람들 존경의 대상이 되기도 한다.

펜은 때때로 부드럽지만
펜 하면 강한 쪽이 더 실감난다.
무릇 강력한 펜은
멀쩡한 사람 죽일 수도 있고
죽어 가는 사람 살릴 수도 있듯이
펜이 총칼보다 더 강하다는 말
실감나며 맞다.

마음을 움직이며
사회를 변화시키는 펜…
날카로움을 신조(信條)로 삼고 있지만
담론(談論)을 위해 비울 줄도 아는
지혜로움이 더 큰
덕목(德目)으로 빛난다.

만년필 연서(戀書)

아득한 옛 시절…
은빛 파카 만년필은
고가의 귀중품이고 사치품이라
대학생이라도 갖기 어려웠다.

3가지 색종이 편지지에
파카 만년필로 쓴 연서에는
사랑과 꿈, 낭만이 가득했고
특유한 서체가 빛을 내어
사연도 줄줄 그녀를 사로잡기에
충분함 넘치었다.

우리의 사랑은
은빛처럼 은은히 소중하게
일필휘지(一筆揮之)하는
언어의 풍성함과
글씨의 섬세함이 어우러져
영영 녹슬지 않음을 약속했다.

지금도 간직한
그 만년필에 서린
그녀의 아리따운 모습 언어 자태
그 무엇과도 비교 안 되고
바꿀 수도 없는
영원한 나의 반려자이며
보물(寶物)이다.

손주 자랑

손녀가
일류대 인기 학과에
어렵게 합격해 기염을 토했다.

본인의 부단한 노력의 결과이지만
부모의 지원도 컸다.
하늘의 도움이요
조상님의 은덕도 큰 것 같다.

가족의 경사요 자랑이지만
할아비로서 내 친구들에게
드러내 놓고 떠벌리고
으스대고 큰소리쳐 댈
자랑할 문제가 아닌 듯싶다.

그러지 말자고
난 누차 다짐해 왔지만
참을성이 부족한 탓인지
친구 몇 식사 자리에서
그만 식사비 기꺼이 내고는
손녀 자랑을 떠벌리고 말았다.

나로선
팔불출이요, 주책이고 푼수다.
몇 안 되는 친구마저 멀어진다.
자랑하며 나대는 것은
공감이나 소통 우정과 믿음의
적(敵)이요, 마이너스 요인이다.

몇 안 되는
남아 있는 친구마저 멀어지는
그런 바보 같은 짓
다시는 하지 말자는 각오
가능할까, 불가능하다.

커피 사랑

어느 한 베이커리 카페
먼 산 응시하며 커피 한잔 마신다.

커피… 그대여
씁쓸하고 감칠맛 나는 게 먼저이지만
나도 모르게 당신의 향긋한 맛에
함몰되어 습관화되고 말았지
곤혹하고 불안정한 마음 치유하고
피로 회복도 도와주는 당신
난 사랑하지 않을 수 없네.

커피 한잔 나눔에
마음의 여유를 품게 하고
갈등의 억매인 매듭도 풀어 주며
내게 따스한 마음도 일게 하는
희망과 꿈을 안겨 주고 있음에
고맙기 그지없다.

언제나 그대의 향기 속을
부드럽고 편안한 마음의 피난처로 삼고
4월의 따사로운 햇볕처럼 여기고
꽃잎에 살짝 스치는 바람으로 상상하고
행운을 기대하며 산다.

커피는 마약의 독성이 있어
숙면을 해치는 부작용도 세다.
하루 한두 잔으로 끝내는
지혜로움이 필요하다.

커피 예찬

어느 때부터인가 커피는
우리들 일상의 기호품으로 자리 잡아
멀리할 수 없는 필수품이 되더니…
마침내 우리나라를 커피 왕국으로
만들어 주고 말았다.

온 도처에
베이커리 카페가 자리 잡더니
각종 빵집도 각종 커피를 판다.
커피점이 배로 늘어난 꼴이니
참으로 놀랍고 희한한 일
좋은 징조일까, 아닐까…?

분위기 좋은 카페에서
커피 한잔 나누고 대화하다 보면
주고 싶은 마음 여유를 품게 하고
갈등으로 얽매인 매듭도 풀어 주며
소박하고 따스한 마음도 일게 하는 게
일상에서 흔히 경험하는 일이다.

커피의 향기를
4월의 따사로운 햇볕처럼 여기고
꽃잎에 살짝 스치는 바람으로 상상하고
편안한 마음의 피난처로 삼아
즐기고 사랑하며 또 마시면
행운이 바로 내게 온다는 사실
깊이 기억해 둘 필요가 있다.

등산을 그만두고

산이 좋아 산에 가고
산을 사랑하니 산에 간다.

산은 언제나
순수함 근엄함 장엄함이 어우러져
사람의 마음 끌고 잡아당기는
영적인 마력을 지닌
삶의 안식처이기도 하다.

산에 친숙해지면 질수록
산책에서 등산으로
급기야는 등반 마니아로도 발전한다.
높은 산 산세의 기를 받고
심신의 건강을 보장받으면서
등산 애호가의 일원이 되기도 한다.

산행은 선(善)을 쫓는 수행이다.
숲속을 거닐면 나무가 되고
산 능선의 흙길에선 흙이 되고
계곡에 들어서면 물이 되고
정상에 오르면 세상이 다 내 것인 양
자신에 대한 만족감에 도취된다.

등산도 잘못하면 독(毒)이다.
내 나이엔, 내 체력엔
등산이 적합하지 않다는
의사의 권고를 100% 따르고 있다.

난 둘레길 산책으로
등산을 대신한다.

기억력의 감퇴

1.
기억력이
예전 같지 않음을 절감합니다.
기억력 회복을 위해
읽기, 쓰기, 메모하는 습관
음식, 수면에 신경을 쓰지만…

2.
어제 일 까마득하고
오늘 일도 까물까물하거늘
잊고 잃어버림 다반사로 지속되니
치매의 전조증일까 걱정이 태산
아직은 글쎄, 어쩌지…?
영 자유롭지 못합니다.

3.
하늘나라 엄마가
15살 날 두고 가셨는지라
날 치매로 불러 가지는 않을 텐데
엄마의 깊은 덤 사랑으로
난 80의 중반 아직도 건강한 편
어느 날 밤중에
급행으로 아무도 모르게 데려갔으면

4.
엄마는 속 끓고 끓어 가다
한(恨)을 품고 갑자기 가셨지만
옹달샘 버금가는 엄마의 사랑
자식을 대신하는 엄마의 희생
지금도 고스란히 내 안에서 숨 쉬고
그 하늘 같은 은혜 앞에
이놈의 기억력은 도저히
사라질 수가 없습니다.

5.
내 기억력은
나의 마지막 비전과 더불어
엄마의 사랑과 함께
영생하리라 굳게 굳게
다짐하고 삽니다.

눈물

너무 슬플 때
기쁨이 넘칠 때
크게 감동받을 때
나도 모르게 눈물 난다.

어떤 난관 만나
너무 어이없고
기가 막힐 때
스스로 실컷 울고 나면
시원하고 후련해진다.

눈물은 그 자체가
찝찔한 소금기도 있어
마음과 몸의 정화를 위해선
새로운 기회 포착을 위해선
씻어 내는 그 과정이다.

눈물은
너무 헤퍼서도 안 되며
장소를 가려야 하고
주변 사정도 배려하여
숨어 울 필요 있다.

저녁노을

해 질 무렵
서산마루 하늘
곱고 아름답다.

노을 속으로
후드득 나는 산새들
한 폭의 수채화인데
더 멋진 그림
세상엔 없지 싶다.

저 산 넘어
내 임에게 꼭 전할
내 마음, 내 소식
노을에 얹히어
사뿐히 다소곳이
모두 다 전해졌으면…

일몰의
검붉은 노을
숨겨 넘어갈 순간
어둑어둑할 때까지
바라보고 있노라면…

둥그런 해
사라진 그 자리에
그녀의 모습 꼭
어슴푸레 나타난다.

트로트 열풍

1.
노래를 부르면
즐거움에 흥겨움이 우러납니다.
외로움도 우울감도 녹아들고
갈등과 대립의 마음까지 가라앉아
너와 나 모두가 하모니를 이루는
화합의 계기도 조성됩니다.

2.
요즘 트로트 풍조는
각 방송사마다 넘치고 넘쳐 나
경쟁이 점점 심화되더니
드디어 일본까지 한국 대표를 파견
한일 트로트 가수 간 경연이
인기리에 왁자지껄하게 오랫동안
방송으로 반복되고 있습니다.

3.
국내 방송사에서는
신인 트로트 가수들의
노래, 광고 프로가 너무 범람합니다.
노래만 하고 살아도
'만사 오케이'라는 메시지인지 모릅니다.
인기 절정에 오른 신인 가수들
행사비 광고비가 억억 한다는 소문에
국민들 눈살 찌푸리게 합니다.

4.
우리들 모두가
이 어려운 난세에
노래나 하고 춤추고 살면서
희희낙락하고 살아도 된다면
아무 문제 될 것 없겠습니다.
그러나 누가 뭐라 해도
아무리 후한 점수를 준다 해도

우리가 노래나 부르고 살기엔
현실은 너무 어렵고
앞이 전혀 안 보일 지경입니다.

5.
지금 우리는
트로트나 부르며 흥청망청할 때가 아닙니다.
세상이 다 망해 가는 듯
정치인들은 국민의 안녕엔 못 본 척 외면하고
국민 편 가르기에 이골 나 극한으로 달리고
물가는 연일 폭등하여 그칠 줄 모릅니다.
나라가 폭망하는 것 아닌가…?
불안 속에 전전긍긍(戰戰兢兢)합니다.

6.
누구 하나 책임지겠다고 나서는 사람 없고
제 잘난 맛에 사는 것인지
네 탓, 남 탓에 열 올리면서
홧김에 에이… 이참에
난 트로트나 한두 곡 불러
내 마음 달래 보겠다고 하는 것
너와 나의 솔직한 심정이 아닌가 합니다.

7.
모두가 미쳐 돌아가는 세상
제정신 잃은 채
이렇게 세월은 흘러가고 있습니다.

맛집 선택

친구 모임 논의할 때
어느 음식점에서 무엇을 먹을까…?
맛집 선택의 문제가
가장 중요한 논의 대상이다.

음식점은
우선 맛이 뛰어나야 하고
비교적 저렴한 가격대이어야 하며
편안하고 안락한 분위기에
교통편 좋으면 최고이다.

음식에 대한 기호는
사람마다 제각기 입맛 다른 특성 지닌다.
지역적으로나 각 가정 전통 면에서도
음식별 선호도는
서로 다르고 특이하다.

제아무리 식도락(食道樂)의 대가라도
여러 사람이 맛있게 먹을 수 있는
음식점 선정하기는 어렵다.
모든 사람 입맛에 맞는
최대 공약수의 음식점을 찾아
결정하는 게 가장 무난하다.

소문난 맛집이라도
여러 번 가면 음식 맛에 질리고 만다.
지역과 음식별로 구분
여러 곳의 맛집을 미리 선정하여
한두 번 식사하는 방법으로
돌아가며 하는 게 최선이다.

산나물

산나물은
봄의 나른함을 덜어 주고
여름 무더위를 이겨 내는
비타민 활력소의 보고(寶庫)이다.

그 옛날 어릴 때
바구니 허리에 차고 이 산 저 산
이 골짜기 저 골짜기
산나물 캐러 다니던 보릿고개 시절
엄마는 저녁 가마솥에 나물죽 끓여
식구들 허기(虛飢)를 달래 주던
그 산나물죽 맛…
두 그릇 뚝딱 먹던 그 기억
아련함에 그리울 뿐이다.

산나물은
친환경 자연산이라는 장점
요즘은 대부분 비닐하우스에서

대량으로 재배, 육성하여
맛도 영양도 좀 덜한 편이다.

예로부터 산나물 중
곰취, 고사리, 산더덕, 두릅, 도라지는
유명 건강식품으로 유명하다.
값 좀 비싸고 귀하지만
어느 하나 맛깔스럽지 않은 게 없이
식욕을 돋워 준다.

여름 바다의 유혹

1.
여름 바다는 매력이 넘친다.
새벽 동녘의 떠오르는 붉은 해도
서산에 기우는 저녁노을 빛깔도
백옥 같은 백사장도
끝없는 파란 물결까지
뭇사람들 심장을 유혹하기에 충분하다.

2.
여름 바다는 여유롭고 풍요롭다.
바다의 먹거리는 도시 시장과는 전혀 다르다.
맛과 신선미도 뛰어나거니와
낚싯배 안에서 직접 요리한 생선회 맛은
귓전 울리는 파도 소리 영감과 함께
유아독존의 감개무량을 넘어
뇌살(腦殺)의 유혹 그 이상이다.

3.
여름 바다는 옛 추억의 심벌이다.
첫사랑 눈뜨게 한 곳도 백사장이요
이별의 슬픔 달랜 곳도 바닷가 바위 위요
푸른 바다 멀리 나는 기러기들 보며
두 주먹 불끈 쥐며 오늘의 나를 세운 곳도
나를 늘 유혹한 곳도
바로 그 바닷가 모래사장이었다.

4.
열대야 깊었던
어느 바닷가의 시원했던 밤
그 멋과 그 낭만을
그 꿈의 향연 스스럼없는 잔치를
어찌 잊을 수 있으랴…!!

모란 5일장

모란 5일장은
수도권 옛 5일장치곤
시장 규모도 장꾼도 가장 활발하다.

그 옛날 읍면 시골 장과는 달리
없는 게 없이 저렴하고 풍성하다.
농산물 싼 것 살 게 있다면
친구와 옛정 누리며 배불리 먹으려면
일단 모란장 찾아 후회는 없다.

장돌뱅이, 나무꾼, 각설이는 안 보이지만
푸짐한 상품 놓고 거래하는 양상은
옛 5일장의 풍경을 능가하고
시끄럽기 그지없이 정도 흠뻑 넘친다.

몇 해 전만 해도
보신탕 하면 모란시장 유명했다.
지금은 그 많은 시설물 사라지고

몇몇 보신탕집이 골목 안으로 숨었다.
그 집마저 다 없어져 가는데 왜
정부는 법으로 완전히 금지하는지
규제가 법의 만능은 아니지 않는가…?

아무래도 5일장의 애환인
엄마가 사다 준 검정 고무신, 사탕 몇 알
기억 속에 생생히 남아 있는데…
지금도 모란 5일장에선
검정 고무신을 팔고 있다.
누가 그 신 신는지…?

보약과 건강

먹는 것의 질과 양
무엇을 얼마나 어떻게 먹느냐가
건강 여부를 좌우한다.

노년이 깊어 가면
기와 힘은 현저히 약해진다.
이를 극복하고 더 도약하고픈 소망
누구나 갖게 되는
욕심이요, 소원이요, 희망이라
자연히 보약 찾는다.

보약은
알맞게 잘 선택하면
기운과 힘 보강에 유효하다.
그러나 대부분의 보약이
지나친 광고나 선전술로
만병통치를 보장하는 양
병약자를 속이고 유혹한다.

건강을 위해선
보약보다는 마음이 더 중요하다.
긍정적인 삶
이해의 용서의 삶
베풂과 나눔의 삶이
그의 마음가짐을 지배할 때
건강은 자연히 따라온다.

돈의 경고

돈이 좋기는 좋다.
돈의 만능(萬能)에 초연하기 힘들다,
돈의 노예가 되다시피
돈의 위력 앞에서는
의리도 명예도 권력도 속물이 된다.

돈은 화(禍)를 불러온다.
돈이면 안 되는 게 없다지만
가정 파괴도 가족 간 불화도
형제간 결별까지도
돈이 불씨가 되어 파멸을 자초한다.

누구든
돈의 마력이나 유혹에
초연하기 힘들어
놀음이나 투기, 복권에 전념하다
빈털터리 거지가 되기 십상이다.

돈에 대한
조급한 욕심의 덫에 갇히면
그나마 남아 있을 생계비까지
낙엽처럼 휴지처럼 날아가는
거지나 빈털터리가 된다.

청천벽력 같은
돈에 대한 세상의 준엄한 경고를
몸소 터득하고 느끼지만
기차가 이미 떠났으면
다시 돌아오지 않는다.

화(禍)와 건강

화는 상대적이지만
자신에게 치미는 화가 대단하다.

화를 내면
이성이 마비되고 열이 나며
긴장도 하게 된다.
화의 인자가 몸 안에 도사려
정상 세포를 죽이며
화가 분노를 야기해
폭력 사태를 유발하기도 한다.

화는
강한 독성을 지닌다.
마음의 불안, 우울감을 조성하고
걱정, 공포감을 유발한다.
노인의 암, 뇌졸중, 치매의 원인도 되어
최악의 건강 악화를 자초한다.

화는
집착하는 욕심에서 비롯한다.
상대적 빈곤감에
낙심하고 자기비하에 몰입할수록
화는 더해 가고
자신의 입지는 점차
좌초한 채 초라해진다.

이해와 용서를 필두로
잘 삭은 식혜가 별미인 것처럼
잘 삭힌 젓갈이 제맛을 내듯이
자신의 화를 삭이고 놓아주면
내 마음의 평안(平安)이
자연히 나를 지배하게 되어
건강한 새사람으로
다시 환생한다.

겨울 바다의 경고

겨울 바다는
말없이 너무 차디차고
무겁고 쓸쓸하다.
파도 소리 뱃고동 소리 빼고는
적막함 사방을 지배한다.

바다를 바라보며
자성(自省)의 시간을 갖는다.
더 인간다운 사람으로
겸손하고 나눔의 마음가짐이
삶의 최고라고 다짐한다.
매서운 해풍이 내게 주는
묵시적 암시요 경고이다.

아직까지
나를 괴롭히고 있는
허무와 외로움 고독
이 사회가 주는 배반의 정서

날아가는 물새에 실려
멀리 저 지평선 너머로
날려 버리고 싶다.

저 바다는
나를 알고 있고
나도 너를 이해하고 있다.
쪼그라들고 외롭기만 한 나를
바다처럼 넓게
저녁노을처럼 아름답게
내 마음 새롭게 단장하고
사람답게 열심히 살라고
꾸짖고 있다.

Ⅳ.
자연의 만상(萬象)

봄의 초입

어제는
온 누리에 내리쬐는
햇볕의 따스함
완연한 봄이 왔네…

오늘 생뚱맞게
싸라기눈에 이어 함박눈이
온 천지 뒤엎을 듯 내리니
내 눈, 내 마음은
헷갈림 심하네…

두꺼운 패딩 벗고
얇은 코트 입고 외출하니
덜덜덜 떨다 덜컥…
미친년 널뛰듯
변덕스러운 날씨 덕에
봄 감기 걸리고 말았네…

겨울의 시샘이 이럴 줄
미처 몰랐지만
가는 겨울 잡을 수 없고
오는 봄 막을 수 없네…

감기도
봄을 알리는 신호인지
분명 봄은 우리 곁에
성큼 다가와 있다.

꽃샘추위

오늘 영하의 날씨
한겨울보다 더 춥고
차디찬 바람 더 세고
뭐 그리운지 옷 속 파고든다.

겨울 지나감 못내 아쉽고
봄이 옴을 시샘하는지…
파릇파릇 잎순 꽃순 돋아남을
겨울 언 손으로 내려치고 후려치니
초봄 기적의 새싹들
움찔움찔 숨을 곳 찾지 못하네.

겨울은 이내
따듯한 햇살에 물러나면서
올겨울 다시 보자고 경고한다.
무서운 동장군 또 보낼 수 있다고
겨울 님 스스로 으스대지만
자연의 순리 막을 길 없네.

꽃샘추위는 누가 뭐라 해도
봄을 알리는 전령이자 청신호이다.
어김없이 곧 봄의 향연이
온 누리에 만개할지어니
음산한 겨울의 자취야
빨리 흔적도 없이 사라지어라.

봄비 내리네…

오랜만의 봄비 와
온 세상만물
겨울잠에서 깨어난다.

오늘 비는 왜인지
여느 때와 달리
여름 소낙비처럼
세찬 비바람 불며
검은 먹구름과 함께
세차게 내린다.

그래도
겨울이 지나감은
또 한 번 만물이
깊은 동면에서 깨어나
소생(蘇生)과 희망을
한 아름 안겨 준다.

나뭇가지는
푸릇푸릇 물기 머금고
새들도 떼 지어
창공을 가르듯 날고
개울물 소리도
줄줄 힘 받아 세졌다.

가는 겨울 아쉽고
오는 봄 반갑다.
올 새봄엔
또 다른 삶의 전기를
만들고 가꾸어
새로운 나를 탄생시키는
기적을 만들어 보자.

고향의 봄

고향이 있고
고향이 그립다는 것은
행복하다는 징표이다.

13살까지 살았던 고향
뼈에 사무치는 그리움 넘친다.

지금은 그 옛날 모습들
내 집 흔적도 업고
내 친구들 모두 세상 떠났지만
산천(山川)은 그대로 처연하게
변함없이 묵묵히 날 반긴다.

복숭아집 옥이는
살구나무집 순이는
살아 있을까,
세상 다 이별했을까…?
알알이 꿈속에 그려 본다.

봄이면
제대로 먹지 못하고
옷다운 옷, 신발 갖춤 없이
동상에 지친 발, 손가락들
질끈 동여맨 채
산으로 땔나무하러 가던 일
잊으려야 잊을 길 없어
멍하니 고향 산천 그려 본다.

입춘(立春) 지나며…

아직도
겨울의 여운 역력하다.
계곡의 잔설도
차디찬 바람결도
사람들 옷차림도
겨울 색 그대로다.

하지만
햇볕의 따스함도
잡초의 초록색도
까치 소리 울림도
입춘 소식 완연하네…

이제는
좀 더 넉넉한 봄
새 희망 주는 봄
기쁜 마음으로 즐겁게
맞이했으면 하는데…

곧이어
화사한 봄기운이
온 누리에 물들어
각양각색의
봄꽃 향기 날리겠지.

우리 사회의
정치적 분란은, 국민의 마음은
언제 봄이 올까…?

우수(雨水) 이후

봄이 오는 길목
오랜 기다림 속에
느닷없이 봄비가 제법 온다.

아직 꽃샘추위
기승을 부리고 있고
눈과 섞인 비바람
매섭고 차디차게 느껴지지만
햇볕의 따스함 막을 길 없고
봄맞이 새싹들 물기 머금은 채
여기저기 생기를 불어넣네…

우리 모두
새롭게 맞이하는 봄
기다리지 말고
문 열고 힘껏 기꺼이
봄을 찾아 나서야…
내 삶의 봄도, 내 마음의 봄도

언 땅 녹고 잔설 녹듯이
희망의 새봄 만날 수 있지.

우수 이후
갖가지 봄의 신호는
긴 겨울의 동면을 벗어나는
새 기쁨과 새 바람의 청신호요
내 삶의 도약을 위한
마중물이 된다.

5월의 하늘

어제는
봄비가 하루 종일 내려
온통 대지를 적시더니
노인들 가슴 맺힌 한(恨)에
외로움 고독만 듬뿍 보태어
한 아름 아픈 마음 안겨 주었네.

오늘은
봄비 그치고
아침나절 유난이 맑게 갠 하늘
햇살마저 따사롭고 훈훈하여라
창공을 휘질러 나는 새 한 마리
외롭지만 참 행복해 보이네.

5월은 가정의 달
어린이날 어버이날에 이어
부부의 날까지 얹혀 온다.
가족 모두 기쁨과 화합을 다짐하는
좋은 계기가 되었으면…

초록을 재촉하는 봄비처럼
비온 뒤 청명한 하늘처럼
화사한 철쭉 아카시아꽃처럼
남에게 복(福)을 선사하는
사랑과 나눔의
진정한 전도사가 되자.

꽃순의 마력(魔力)

봄기운 완연하니
꽃순 보일락 말락
꽃망울 비집고
세상 밖으로 나왔네…

꽃순 내밀 때
무슨 힘으로
어둠 뚫고 나오는
그 마력의 생명체
햇빛과 샘물의 힘찬
밀고 당기는 융합에서
기를 받아 솟아났겠지…

꽃순이
꽃 만들고
열매 맺고 떨어지는
자연의 순리는
우리 모두가 바라는
자연의 마력이다.

진달래 꽃길

1.
청계산 능선
진달래꽃 길은 제법 길다.
양쪽으로 피어난 꽃나무의 행렬도
꽃 빛깔의 화사함과 화려함도
일취월장(日就月將)하는 모습도
장관이라면 그렇기도 하다.

2.
봄의 연인들
꽃을 사랑하는 청춘 남녀들
사랑이 얼마나 값지고
그리움의 쌓임이 무엇인지를
터득하고 아는 자만이
청계산 진달래꽃 즐기며 살
자격 있다.

3.
진달래 활짝 핀
꽃길 양쪽의 길섶 끝으로
봄의 정령 아지랑이 아롱아롱
이름 모를 나비들 이리저리 날고
분홍빛 꽃잎들 봄바람에
아아… 꽃잎 떨어질라…
그 임 안 오시면 어쩌나 걱정이다.

4.
꽃길 보고 있노라면
미풍에 산들산들 흔들리는 꽃잎
그녀의 얼굴 빼닮은 혼(魂)처럼
비바람에 흔들흔들 떨어지는 꽃잎
그녀가 울고 있는 애절한 모습
한 폭의 그리움 애처롭기 그지없다.

5.
사랑과 미움이 압축된 꽃물결
파란 하늘 아래 봄바람에 장단 맞추어
떼 지어 날아드는 나비들과 어울려
진달래꽃 길 왔다 갔다
보고픈 그 임 찾아 춤추고 있다.

철쭉꽃

진달래 지고
철쭉꽃 활짝 핀다.

불타는 입술
화려함 절정 이루니
산골짜기 이곳저곳
응달진 곳에도
산야가 뜨겁게 불탄다.

붉은색 흰색 분홍색
울긋불긋 만개한
원색의 꽃 잔치는
짙은 향기를 펼치어
마을까지 품는다.

겨울에 지친 몸
진달래에 위로받고
철쭉꽃에 날개 달자
봄은 또 저만큼
지나가고 있네…

냉이꽃

봄이 지나고
소리도 없이
스스럼도 없이
알리지도 않더니
흰 꽃망울 불쑥 내민다.

들판 산자락 곳곳에
훈훈한 봄바람 타고
따스한 햇살 기대어
여름을 알리는
하얀 미소가
눈부시게 빛난다.

꽃들은 이내
좀 멋쩍은지
어쩜 무안해서인지
여름을 기약하며
금세 숨어
맥없이 지고 만다.

살구꽃

그 옛날
우리 동네에
몇 안 되는 살구나무
꽃이 피면 즐거웠다.

꽃이 지고
주렁주렁 살구 달리면
살구나무 밑은
동네 애들 소란이
절정을 이루었지…

설익은 살구
허겁지겁 남보다
하나라도 더 따 먹으려는
원초적 욕망으로
물불 가리지 못했다.

살구나무집
주인 할아버지
살구 따 먹는 우리들
못 본 체하며
슬그머니 자리 피했다.

아카시아꽃

앞산 둘레길
산자락에도 개천 둑에도 아카시아꽃들
환한 미소 머금고 활짝 핀다.

봄이 가는 아쉬움 안은 채
5월의 초록 더욱 빛내기 위해
하얀 미소 가득 채우고
겸손과 순결의 아름다움 선사하려
산 계곡 안 곳곳에
훤하게 물들이고 있네.

아카시아꽃 내음
흰백에서 뿜어져 나오는 그윽한 향기
마음으로 안고 가슴으로 품어도
꽃송이에 얽힌 사랑과 그리움의 연줄
더할 길 없이 한(恨) 맺히네.

벌떼들 날아들어
보릿고개 입맛 돋우는 꿀 만들고
고맙고 고마워라
하얀 꽃의 향연
송두리째 고맙고 고맙다.

벚꽃, 버찌

봄의 전령인 벚꽃
그 화려함의 화신(花神)은
내일의 꿈을 설레게 하는 마력
차고 넘친다.

벚꽃 진 후 버찌만을 따 먹던
6월의 아련한 추억
그때 배고팠던 어린 시절
실컷 먹어 봤자 배고픔은 그대로
벚나무 줄타기만 오르락내리락…

가난이 빚은 슬픔
기운과 힘 모두가 모자란 것
비바람에 버찌 주룩주룩 떨어지듯
허기(虛飢)의 여독은
줄거나 사라지지 않았다.

지금은 버찌 먹는 사람 없고
먹는 게 남아돌아가는 세상
버찌 먹던 사람 다 노인인데
벚꽃의 그 여신(女神)은
어떻게 바라보고 있을까…?

풀꽃

6월 들어
산자락 들판 가림 없이
도처에 풀꽃들 무성하다.

각양각색의 풀꽃
지나치면 별것 아니어 보이지만
자세히 들여다보면
예쁘고 아름답고 화려하고
사랑스럽기도 하다.

제멋대로 자란 잡초들
풀꽃 유명할 리 없고
많은 꽃 이름 알 수 없지만
동그랗고 납작하고 길쭉하게
꽃 모양 제각각
마음껏 자랑하며 피어 있다.

잡초들 꽃이라고
관심 밖 외면받지만
의외로 꽃집의 부름받고
꽃바구니 묶음의 한 송이로
귀한 대접도 받고 있음을
눈여겨보아야 한다.

초복(初伏)을 맞으며…

내주부터 초복인데
이미 더위에 열돔, 열대야에 숨죽인다.

한증막에 버금가는 아파트촌
아직 더위는 절정에 이르지 않았지만
한낮에 등골을 쪼는 따가운 햇살
후덥지근에 끈적끈적한 저녁나절 열기
몸도 마음도 이에 지쳐 버려
움츠러들고 만다.

이열치열(以熱治熱)이라 했다.
에어컨 냉방이나 피서를 가기보다는
삼계탕, 추어탕, 장어구이 보양식으로
기진맥진한 몸을 보(補)하고
시원한 보리냉차도 마셔 가며
'삼국지'나 다시 읽어 보면 어떨까…?

삼라만상이 다 허우적대지만
개울가에 웃자란 풀들 힘자랑하고
담장에 곱게 핀 능소화도 방끗 웃는다.
늘어진 기(氣)와 힘을 회복해 나가면
어느새 말복(末伏)이 옆을 지나가며
선선한 바람 불어오겠지…

능소화 찬가

능소화는
한여름의 고난인
폭우 폭염도 열대야도 이겨 내며
담장을 기어올라 피는 꽃

그 꽃만이 소유한
기백 용기 넘쳐 등천하는 꽃

여름의 열기를
사랑으로 승화시키어
동그랗게 그리움으로 열어젖힌
파란 잎새에 주황색 꽃잎들

온갖 난관에
귀를 열어젖힌 꽃들의 모양
가는 길도 멈추게 하고
오는 임 반갑게 맞이하는
감미로운 꽃잎들

꽃이란
화려함의 한계를 넘어
삶의 새로운 길을 인도하려는
능소화야말로
생명의 꽃이 분명하다.

장맛비

하늘에서 미친 듯
쏟아지는 빗줄기
먹구름 속에 감추어진
비수가 날뛴다.

빗줄기 폭풍 천둥소리
한데 섞이고 어우러져
금세 천지개벽이라도 날 듯
굉음 울리며 소리친다.

무엇이 이렇게 원망스러워서
세차게 퍼부어 대는지
나도 모르고 너도 모르고
우리 다 모른다.

무섭게 오랫동안
내리치는 물 폭탄은
죄지은 사람 벌주는
정의의 사도인가 보다.

어느새 비 멈추고
파란 하늘 빠끔히
정신 차릴 여유 주더니
또 무섭게 내리친다.

장마의 피해

장마는 이맘때
매년 거듭 되풀이되는
하늘의 뜻이요 저주이기도 하며
피할 수 없는 자연의 순리이다.

홍수 범람은
아무리 철저한 사전 대비를 해도
이곳저곳 가리지 않고 비웃기라도 하듯
전란에 버금한 대재난을 몰고 와
돌이킬 수 없는 피해를 거듭 입힌다.
불가항력적인 물의 경고이기도 하며
삶의 정도를 외면하지 말라는
신의 강력한 주문이기도 하다.

댐이 부실했던 옛 시절
범람한 남한강 강물에는
초가집 황소 돼지들도 떠내려가는 모습
보기만 해도 무섭고 두렵기도 했다.

서울의 저지대는 황톳물로 가득 차
많은 수재민을 낳곤 했다.

장맛비가 지속될 경우
농번기에 접어든 농부에게는 물론
고기잡이를 생업으로 하는 어부들에게도
시장 입구나 대로변 노점 상인에게도
경기에 열중하는 운동선수들에게도
피하고 싶은 연중행사이다.

하긴 장맛비가
주변의 모든 오염물을 씻어 몰아가고
순간이나마 열돔 현상을 식히며
댐이나 저수지의 물 부족을 해결하는
바람직한 순기능도 있지만
득(得)보다는 실(失)이 많지 싶다.

수박 잔치

여름철 제일 맛깔스럽고
붉은 색깔도 크기도 무게도
단맛의 시원함과 어울려 제일이다.

폭염과 열대야에 찌들고
연일 지속된 장맛비에 갇힌 답답함
가슴을 열고 심장을 식힐 수 있는
수박 잔치의 향연
너와 나 우리 모두가 함께
나눔의 넉넉함에 풍요를 느낀다.

동네 앞 느티나무 정자에 둘러앉아
수박 한 조각 한 조각 먹어 가며
파리 올림픽 금메달 신화를 거론
애국, 애족의 뭉클함 잊을 길 없어
다 같이 손뼉 다시 한번
힘껏 쳐 본다.

수박 맛 훨훨 넘쳐흐름에
서로서로 쳐다보면서
오늘 밤도 또 하나의 메달을 약속하며
시원 달콤함에 흠뻑 젖어
나를 또 한 번 잊어 본다.

콩국수 예찬

올여름 더위
세상에 더워도 너무 더웠다.
열돔에 어찌할 바 몰라 쩔쩔매고
열사병에 질까 봐 덜컥 겁나기도 했다.

이열치열이라 하지만
열을 식히는 이열치냉(以熱治冷)이 좋다.
검은 콩국수에 얼음 몇 조각
술렁술렁 미끈하게 쉽사리 넘어가는
목구멍의 시원한 기분 최고에
맛있다는 탄식 절로 나온다.

이참에 살얼음 물냉면 메밀막국수도
냉콩국수 못지않게
촉촉한 밀 은은한 메밀 맛 일품이지만
기운 힘 돋우는 고소한 콩물 효력에는
비할 바가 못 된다.

콩국수 한 그릇 해치운 후
선풍기 앞에 앉아 눈 지그시 감고
잃어버린 입맛 일순에
다시 되찾아 본다.

나무뿌리

뿌리는 하루 종일
온몸을 통한 펌프질로
흙 속의 모든 자양분을
흙이 품고 있는 모든 수분을
자기만의 파이프를 통해
가지와 잎에 쉴 새 없이 보낸다.

나무는 하늘 높은 줄도 모른 채
뿌리와의 공동 작전에 힘 받아
위로 옆으로 뻗어 나간다.

뿌리는 나무의 대들보이다.
흙 속 아래 넓게 터 잡고는
건물 지하를 버티는 철근처럼
기와집 사방에 놓인 주춧돌처럼
나무를 지탱하고 보호한다.

뿌리는 나무의 엄마이다.
산골짜기와 벌판에서도
심지어 모래사장 위에서도
폭풍이 와도 홍수를 맞아도
흙을 움켜잡아 놓지 않으며
끈질김의 버티는 힘으로
나무의 엄마 노릇을 즐긴다.

뿌리가 시들면
나무도 시들어 죽는다.

뻐꾸기 소리

봄부터 가을까지
한밤중이나 새벽녘에 들리던
뻐꾸기의 뻐꾹, 뻐꾹 소리
이젠 아련한 추억으로 변했지.

우리 동네 계곡마다 꽉 들어찬
아파트 건설 마무리되고는
검은등뻐꾸기 볼 수 없고
정겹고 구슬프고 애절하기도 한
뻐꾸기 소리도 들을 수 없는
적막강산이 되었네.

뻐꾸기가 몰래 알 낳아 맡기는 숙주(宿主)
뱁새 박새 오목눈이들 없어지니
뻐꾸기도 제 새끼 키울 둥지 못 찾아
안 오는 게 맞지 싶다.

까치 까마귀 떼는 오히려 극성이네
깍깍 듣기 싫은 까마귀 소리에
오늘도 해는 저물어 간다.

다듬이 소리

시원한 여름 한낮
대청마루 뒷문 활짝 열고
시어머니 며느리와 마주앉아
장단 맞추는 다듬이 소리 요란하다.

온 집 안 돌아 뒷집까지
정겨워라 뚝딱뚝딱 따닥따닥…
보릿고개 허기진 배는
빗발치는 다듬이 소리에
차디찬 우물 냉수 한 그릇에
잊고 만다.

안주인의 도도한 장단에
며느리 시집살이 고난 잊으려
애잔한 두들김의 슬픔이
집안의 화목(和睦)을 꿈꾸네.

다듬이 울림은
우물가 오동나무 잎도
장독대 옆 살구나무 꽃도
뒤꼍의 대추나무 가지도
소리 내어 흔들고 있네…

장독대

그 옛날 우리 집
뒤뜰 울타리 옆 장독대
가지런히 정렬된 크고 작은 장독
늘 엄마의 손 뛰어난 솜씨에
항아리들 언제나 반짝반짝
윤기를 내고 빛나고 있었지

장독대는 엄마의 신주(神主)였다.
6.25 때 아버지 잡혀간 날
큰아들 군대 간 날
내가 중학교 시험 본 날
엄마는 장독대에 냉수 떠 놓고
두 손 모아 공손히 빌었지

우리 집 장맛은 동네 으뜸
엄마의 손맛이었고
집안의 내력으로 전통이었다.
장맛은 집안 품위와 품격은 물론

집안 식구의 건강을 담보하는
대들보나 다름없었다.

하늘나라에 계신 엄마
장독대 없이 살고 있는
옛날 엄마의 장맛 잊고 사는
우리들 현실을
용서하고 용서해 주실 거야…

노송(老松)

소나무 숲은
열돔의 삼복더위가 지나도
낙엽 지는 가을이 와도
눈보라 치는 겨울 맞아도
푸름의 빛깔 변함없다.

소나무 숲속 거닐면
송진 향기와 짙은 산소에 휩싸여
걸으면 걸을수록
머리는 맑아지고 기분도 날아갈 듯
금세 상쾌해져
깊은 사색에 잠길 수 있다.

오래된 노송이
한옥과 어우러져 빛날 때
아름다운 옛것의 고풍(古風)은
운치 넘침 끝없어
옛날 자연으로 돌아가는 감흥에
흠뻑 젖고 마네…!!

늦은 가을

가을은 영영
우리들 곁 떠난 줄 알았는데
폭포수 같은 장대비 끝에
추석 지나고
마침내 서늘함과 함께…

그토록 파란 하늘, 시원한 바람
어쩜 그렇게도 마음 조이고
애타게 원망도 하며 기다렸는데
늦도록 망설이더니
주춤주춤 영영 아니 올 듯

매일매일 폭염에다 열대야는
더 세게 더 강력히 200년 만에
대기록도 세우면서
80 평생 이렇게 더운 것은 처음
가을 이렇게 늦은 것도 처음

폭염, 폭우가 몰고 온
천정부지로 솟은 채솟값에
소시민은 이래저래 피해막급
하늘을 원망해 본다.

기후대변 천지개벽이
언제 그랬냐는 듯 가을 하늘은
맑고 따가운 햇볕
만상을 살찌우게 하는 고마움
전과 다름없다.

숲속의 새들

숲은 새들의 집이다.
삶의 터전이며 보금자리이다.

숲속에 새들이 날고
서로 지저귀는 노랫소리 요란하면
바람 소리 장단 치듯 일고
계곡의 물소리 때맞춰 합창 이룬다.
새소리가 컨덕터로
숲속의 정겨운 소리를 리드하며
꿈속의 낭만을 불러온다.

강물에 물고기 없으면
강은 죽은 강이요 썩은 강이 된다.
숲속에 새소리 안 울리면
숲은 삶의 숲이 아니요 죽은 숲이요
적막만 공간일 뿐이다.

숲속 새소리에 발맞춰
다람쥐와 청설모
나뭇가지 타고 나타나면
이에 질세라 산토끼 한 마리도
덩실덩실 춤추며 나타나니
숲속 풍경은 요지경 세상이다.

숲속의 새소리는
숲이 살아 있음을 알리는
삶의 푸른 신호이자
생명의 귀중한 복음이다.

마지막 잎새와 겨울

황량한 벌판에
외로이 서 있는 고목(古木)
나목(裸木)에 남은 몇몇 잎새 보니
우울함과 외로움 배가 되고
으쓱으쓱 춥다는 느낌에
겨울의 갖가지 앙상블이
가일층 업그레이드된다.

영하의 추운 날씨
몸도 마음도 움츠러들고
움직임도 게을러 뜸해진다.
머릿속 헤아림도 느리고 처지는 게
노인 겨울나기의 어려움이고
현실의 감각이다.

춥다고 느낄수록
온갖 부지런함 오간 데 없고
둘레길 걷기마저 줄어들며

건강에 대한 불안감마저 높아 간다.
냉기(冷氣)에 맞서 주저함이
열기를 피하는 게으름과 일치한다.

아무래도 영하의 날씨엔
이불 속 따듯함에 익숙해진다.
세상의 야속함이 짙어 감에
뜬금없이 자신을 책하는
미련함에 놀란다.

겨울이 가면
봄이 오고 꽃은 또 핀다.
겨울은 영원하지도 않고
겨울 추위가 오래가지도 않는다.
지금의 추위는
그 옛날 6.25 전후와 비교하면
전방 고지에서 보초 설 때를 그려 보면
시베리아에서의 겨울과 비교하면
오히려 훈훈한 봄이고 따듯함이다.

이 정도 추위는 즐기면서 살 수 있다.
지금의 겨울나기는 실로
식은 죽 먹기나 다름없다.

한강의 결빙

한강을 물끄러미 바라본다.
요 며칠 추위에
한강 가의 물이 제법 얼었다.

1952년 1.4 후퇴 시
혹독한 한파로
한강이 두껍게 결빙되었다.
유일한 한강 철교가 파괴되고
그 많은 피난민 한강을 그대로
걸어 건너야 했는데
얼음 위로 사람, 우마차, 자동차까지
무사히 강을 건넜으니
정말 불행 중 다행이었다.

그 옛날 한강이 결빙되면
영하 20도가 넘는 강추위에도
상인들은 여름용 얼음을 자르고
학생은 스케이트 운동하고

낚시꾼들은 얼음낚시를 즐기는 게
겨우살이의 모토였다.

전쟁 중 강은
군에겐 전략적 방어선이지만
피난민에겐 목숨을 앗아 간
원한의 강물이기도 했다.
이젠 지구의 온난화로
자동차가 도강할 정도로
한강의 결빙을
기대하긴 어려울 것 같다.

시작 후기

제3시집을 작성하면서 '앞으로 5권까지 작성해 보는 게 어떨까…?'라는 생각을 해 본다. 조금 지나친 욕심이 아닐까…? 아니다. 내가 만일 90세까지 살 수 있다면 10권의 시집 출간까지도 가능하다는 생각이 얼핏 떠오른다. 시집을 많이 내야 좋은 것은 아니고 '시집다운 시집'을 내야 한다는 것은 변함없는 나의 굳은 신념이다. 하지만 시를 계속해서 작성하다 보니, 시를 쓰는 내 스스로의 능력도 향상되는 듯 싶으며 시문도 나만의 자위인지는 몰라도 전보다는 수준이 높아지고 있다는 점을 조금은 느끼고 있다.

무엇이 이토록 나를 '시의 세계'로 몰입하게 만들고 있을까…? 그 이유는 내가 원래 글쓰기를 유달리 좋아했고 평생 글쓰기를 하며 살아왔기 때문일 것이다. 글을 쓰면서 어떠한 글이든 많이 읽었다는 뜻도 된다. 머릿속에 집어넣은 많은 글의 지식을 정리해서 내놓은 것이 나의 글이고 시이기도 하다. 좋은 글을 쓰려면 좋은 글을 많이 읽고 또 읽어야 한다는 것은 만고의 진리이고 정설이다.

제3시집에 내놓은 시들이 좋은 글 일색일까…? 그렇다고 자신 있게 말할 수는 없지만 남 앞에 떳떳하게 보란 듯이 내놓을 수 있는 내용들을 어느 정도 담고 있다고 주장하고 싶다. 무릇 '첫술에 배부르랴'라는 속담이 있듯이 갈고닦으면 점차 빛을 낼 것이거늘 '우물에 가 숭늉 달라'라는 어리석은 생각일랑 거부하면 된다. 참고 기다리고 노력하고 몰입하면 영광의 장원이 찾아올 것이 틀림없는 게 인생사의 철학이다. 내가 노력해서 내 능력껏 시집을 낸 것이니 조금도 후회할 일이 절대 아니다.

  지금까지 내가 살아온 과정이 순탄한 길은 아니다. 하지만 한마디로 '행복한 여정'이었다면 그렇기도 하다고 대답하고 싶다. 그러니까 지금 내 나이 84세에 이렇게 건강하게 살면서 시를 쓰고 시집을 편집하여 발간하고 있는 것은 자랑할 수 있는 일이며 행복한 순간들이다. 이 순간 나의 삶은 그 어느 때보다도 보람 있고 향기로운 삶이라고 말할 수 있다. 누구에게나 삶의 행복은 먼 데 있는 것이 아니고 누가 만들어 주는 것도 아니며 내 안에 간직하고 있는 것이라 하겠다. 행복은 늘 내가 만들고 내가 느낌에 따라 늘 내 옆을 지키고 있다는 게 맞다.

* * *

우리네 삶은 지금 위기의 순간이란 지적이 타당성을 지닌다. 우리는 삶의 모든 영역에서 열심히 달려왔고 이제 선진국 문턱을 넘어섰다고 자랑하고 있지만 도처에서 위험 신호가 우후죽순(雨後竹筍)처럼 돋아나고 있음을 실감하고 있다. 무엇보다 최대의 위기인 정치권의 대립각 이외에 '절박한 위기'가 한둘이 아니다. 우선 전 국민의 벼랑 끝 위기는 총체적으로 만연된 정신 건강이 위험 수위에 다다르고 있다는 점이다. 우리나라 국민의 행복 지수는 점점 더 낮아지고 있으며 자살률은 경제협력개발기구(OECD) 중 최고라는 불명예를 안고 있다. 이와 함께 최저 수준에서 점점 더 낮아지고 있는 출생률은 경제 불안의 밑그림을 더욱 어둡게 드리우고 있음이 심각한 현안으로 제기되고 있다.

우리가 건강을 위해서는 가장 중요한 게 움직여야 한다는 것이다. 정체하면 무엇이든 부패하고 만다. 정신 건강을 위해서도 뇌를 움직여야 한다는 것은 두말할 필요가 없다. 뇌를 움직이는 수단에는 여러 가지가 있겠지만 가장 효과적인 게 책을 읽고 글을 써야 한다는 것이 일반론이다. 그렇다면 읽고 쓰는 문제에서 가장 빛을 발할 수 있는 부문이 시를 읽고 외우고 쓰는 일이다. 시인은 치매가 안 걸리고 장수한다는 것은 널리 알려져 있는 엄연한 사실이다.

* * *

  삶은 언제나 나 하기에 따라 한순간 매 순간 또 하나의 도약의 계기를 마련한다. 무엇이든 포기는 절망이요 죽음이나 다름없다. 아무리 나이가 많더라도 '이제 그 나이에 무엇을 할 수 있단 말인가…?'라는 의문과 부정의 생각을 가져서는 안 된다. 언제나 나도 이 세상에 필요한 존재이고 무엇이든 할 수 있다는 긍정의 마인드를 가져야 한다. 지금까지 이루지 못한 소망이나 소원이 이제는 물거품이 되었다는 생각을 접고 나는 지금도 앞으로도 할 수 있다는 긍정의 마인드를 갖고 과감히 실천의 길로 들어선다면 또 하나의 성공이란 광명의 빛을 맞이할 수 있다.

  인생 말기에 덤으로 산다는 생각은 절대 금물이다. 어쩔 수 없어 살고 있다는 자기비하의 인식은 여생의 삶에 조금도 도움이 안 되기 때문이다. 나는 내 아내에게 절대로 필요한 존재이며 아내의 행복 여부도 나 하기 나름이라는 지적에 전적으로 공감한다. 내가 아내에게 약방의 감초가 되는 삶을 살도록 백방으로 노력하면 내가 아무리 늙고 병들어도 아내에게 버림받는 신세는 되지 않을 것이다. 만일 아내가 먼저 세상을 떠나서 내가 홀로 살아도 절대로 낙엽의 신세가 되거나 휴지로 전락하지는 않는다.

 누구보다도 긍정적인 사람은 항상 마음이 맑고 깨끗하여 샘물 같은 지성을 지니게 된다. 더하여 파란 하늘 같은 마음으로 매사에 적극적으로 임하고 있음이 특징으로 나타난다. 양보의 미덕도 갖추고 진실을 무엇보다 중요하게 여기는 사람이 긍정적인 마인드를 갖추고 있다 하겠다. 시 〈긍정적인 사람〉에서 긍정적인 사람에 관해

 어둠이 깃들 곳 없고
 그늘이 들 틈도 없고
 암(癌)도 피해 갈 수밖에 없고
 운(運)과 복(福)도 비껴갈 수 없다.

 라고 했다. 정말 이런 사람은 우리들 삶에서 보석(寶石) 같은 사람으로 운과 복으로 얼룩져 어둠을 밝혀 주는 사람이 맞다. 늙어서 암(癌)에서 자유로운 사람이라면 그보다 더 행복한 사람은 없을 것이다. 나이 들어 제일 무서운 병 중 하나가 암이고 제일 흔한 병이다. 암은 어느 한 곳에 돋아나는 것이 아니라 신체 어는 곳에서든 발생한다. 이런 암을 피해

갈 수 있다는 것은 정말 좋은 복과 운을 타고난 사람이라 할 수 있다.

* * *

 사람이 살아가면서 특히 나이가 깊어 가며 '우두커니' 아무 일도 하지 않는 습관은 가장 나쁜 생활 태도이다. 무슨 일에 몰두하든 온종일 눈코 뜰 새 없이 바쁘게 돌아가야만 한다. 그래야 늙은 몸의 기능이 모두 원활하게 순기능의 작용을 할 수가 있다. 조금이라도 멈추고 쉬기만 하는 기간에는 어느 조직이든 역기능으로의 부패(腐敗)가 발생할 수 있기 때문이다. 이게 바로 암이라는 인자가 움트는 계기가 되는 것이며 피하기 어려운 존재인 암의 발병이다.
 삶의 종착역은 억지로 잡아 놓을 수가 없다. 종착역이 다 가올수록 세월은 더 빨라지고 쉼표도 없이 흘러간다. 누구나 삶의 종착역에 다다를수록 현명함이 흐려지는 게 다반사이고 이를 극복하지 못한다. 이때 보릿고개를 경험한 사람이라면 옛 추억을 들추어낼 필요가 있다. 그때 그 보릿고개에 이르러 배고파 허기진 배를 움켜잡고 나물죽으로 배를 채우던 그 삶의 아픔을 아로새겨 '나는 지금 매우 행복하다'라고 생각할 수 있다.

무릇 종착역이란 생각이 앞서더라도 현실의 어려움을 극복할 수 있는 삶의 '마중물'을 찾아 나서야 한다. 그 마중물이 빛을 발할 수 있도록 내 마음속에 있는 화해와 용서, 겸손과 배려, 나눔과 베풂을 일구어 내어 내 마음속의 보물로 만들어 내야 한다. 이게 바로 내 삶의 종착역에 활력을 불어넣을 마중물이 될 수 있으며, 나의 힘과 기운을 다시 오름의 길로 들어서게 만드는 것이다. 시 〈내 삶의 마중물〉 중 '내 삶의 마중물'을 정의하기를

　　내 마음속에 있는
　　화해와 용서, 겸손과 배려, 나눔과 베풂을
　　일구어 내어 내 것으로 만드는 것
　　이게 바로 내 삶의 마중물이고

라고 규정하고 있다. 오늘의 삶의 끝은 내일의 새로운 시작을 의미한다고 말할 수 있다. 내 삶의 끊어지고 막힌 응어리를 다시 풀고 삭이는 작업이 필요하다는 것이다. 다시 말하면 용서하고 배려하면서 겸손과 나눔의 삶으로 새로운 도약을 할 수 있다는 것이다.

* * *

누구에게나 나이가 깊어지면 주변 친구가 하나둘 줄어든다. 친구와의 관계도 점점 뜸해지고 절친한 친구들도 점점 멀어짐을 느낀다. 노년엔 친구가 별로 필요 없다는 세간의 말도 실감 있게 느껴지곤 한다. 그 말이 실감나듯이 친구와의 친밀한 관계 유지가 귀찮아지기도 한다. 친구보다는 혼자의 삶이 더 편하고 좋다는 단순한 생각까지 해 본다. 그래도 그것은 아니라는 생각에 좋은 친구도 남아 있고 필요하다는 생각을 가져 본다. 이와 관련, 시 〈좋은 친구〉에서

내 주변에
좋은 친구, 믿을 친구가 없지 싶다.
남아 있는 친구들
이리저리 저울질해 보니
내겐 좋은 친구 없는 것 같다.

라고 단정 지어 인성의 매몰참을 시사하고 있다. 과연 이러한 생각이 '옳은 마음가짐일까…?'라는 의문은 상시 존재한다. 수년 수십 년을 이어 온 인간관계를 끊는다는 것이 얼마나 어려운 일인지는 경험해 보지 않으면 모른다. 삶의 말

기에도 보고 싶은 그리운 친구는 있고 애타도록 만나고 싶은 친구도 있다는 것을 역설한 시 〈친구의 필요성〉에서 옛 친구를 버리는 것은 도리가 아니라고 다음과 같이 강조하였다.

친구와 묶인 쇠사슬
살아가는 데 큰 부담이 되더라도
인륜(人倫)을 저버리고 사는 것은
인간의 도리(道理)가 아니다.

우리 노인들은 오늘날 노인 시대에 살고 있다. 전철이나 음식점 내를 둘러보아도 우린 남이 보기에 딱 마지막 세대에 속하는 노인이 맞다. 섭섭해도 어쩔 수 없고 마음을 다잡아 보아도 피할 길 없이 남들에게 노인으로 보이고 있는 게 현실이다. 우리나라에서 노인들은 사회적으로 다방면에서 괄시를 받고 살고 있다. 정부의 노인 우대 정책이란 게 전철 우대를 제외하면 노인들이 이룩해 놓은 경제 발전의 진정한 역군으로서의 대접을 받지 못하고 있다.

노인의 진정한 살길은 각자도생(各自圖生)이다. 내가 스스로 내 힘을 키우면서 남의 도움 없이도 나의 삶을, 나의 건강을 지키며 살아간다는 뜻이다. 이를테면 병고(病苦)가 없이, 무위고(無爲苦)도 없이 자기만의 일을 찾아 내 것으로 만드는 자기 혁신의 길을 걷는다는 것이다. 여기에는 나는 언제나 새로운 노인이라는 입장에서 나 자신뿐만 아니라 이 사회, 내 나라를 위해 한 줌의 흙이 된다는 비상한 각오가 있어야 한다.

* * *

올해도 설날을 맞이해 예년과 다름없이 아들딸 가족 내외와 함께 설날 아침 식사를 마치고 자식들의 세배를 받았다. 매년 하는 덕담과 함께 세뱃돈을 나누어 주면서 "건강이 무엇보다 중요하다."라고 강조하였다. 또 한 해를 맞이하는 나로서는 감개무량(感慨無量)함을 금할 수 없음에 〈설날 아침〉이란 시로 금년의 인사를 이렇게 하였다.

> 내 가족 모두 한자리에 모여
> 내가 살아 있음에
> 설날 맞아 세배를 받음에
> 나로선 정말 고맙고
> 기적(奇蹟)이며 행운이라면
> 그렇다고 하겠습니다.

내 노년의 삶이 기적이며 행운이란 지적에 실감이 난다. 봄이 오면 여름도 오고 가을도 가고 겨울을 또 만난다. 금년에 국내 각 방송에서의 트로트 열풍이 광풍으로 발전, 이를 비켜 가지 못하고 난 몇 가지 트로트 노래를 배웠다. 예전 같지 않아 가사와 곡을 암송하기가 너무나 어려웠다. 그래도 무료하게 있는 것보다는 트로트 곡을 익히면서 음악의 즐거움과 함께 가느다란 삶의 의욕도 소생함을 느꼈다. 어느 땐 신바람도 나고 밥맛도 좋아져, 이게 또 하나의 삶인 양 새로운 희망이 솟아오름을 감지했다. 시 〈트로트 열풍〉은

노래를 부르면
즐거움에 흥겨움이 우러납니다.
외로움도 우울감도 녹아들고
갈등과 대립의 마음까지 가라앉아
너와 나 모두가 하모니를 이루는
화합의 계기도 조성됩니다.

라고 함으로써 트로트 열풍의 긍정적인 면을 강조하고 있다. 트로트 노래를 부르면 즐거움에 흥겨움이 우러나온다니 얼마나 좋은 일일까…!! 마음속에 다시 녹여 본다. 외로움도 우울감도 사라진다고 하니 금상첨화(錦上添花)의 일이 아닐

수 없다. 노래와 일상이 결합함으로써 새로운 힘이 소생하는 것이라 하겠다.

* * *

자연은 우리들 삶을 지탱해 주는 버팀목이자 삶의 길을 인도하는 안내자이다. 자연 속에 묻히어 자연을 바라보며 지내는 삶은 언제나 건강할 수밖에 없고 활기가 넘친다. 한겨울 엄동설한이 끝나기도 전 눈 속에서 피어난 매화를 보며 삶의 희열과 의욕을 배우며 이른 봄 비쭉비쭉 내미는 꽃순의 마력 앞에 희망을 갖는다. 숲속의 새들이 지저귀고 멀리 울리는 뻐꾸기 소리가 하모니를 이루는 새소리 잔치는 우리들 삶의 푸른 신호이자 생명의 귀중한 복음이라는 지적이 내겐 언재나 새롭게 느껴진다.

풀은 도처에서 자라고 그 귀중함을 모르고 지나친다. 장마가 지나가면서 웃자란 풀을 보면 두렵기까지 하다. 각양각색의 풀꽃은 봄부터 가을까지 쉼표 없이 꽃의 모습을 힘주어 자랑한다. 시 〈풀꽃〉은 다음과 같이 풀꽃을 높게 칭송하고 있다.

각양각색의 풀꽃
지나치면 별것 아니어 보이지만
자세히 들여다보면
예쁘고 아름답고 화려하고
사랑스럽기도 하다.

　사람도 잡초를 닮은 사람이 있다. 남 앞에 잘 나타나지 않고 자랑할 게 있어도 남에게 별일 아닌 것으로 숨기려 하는 사람이다. 속으로 알차게 내실을 갖추고 있으면서도 마치 풀꽃처럼 드러내기를 꺼려 하고 겸손의 내실을 갖추고 있는 경우이다. 겸양의 미덕은 아무에게나 있는 게 아니고 아무에게나 길러지는 게 아니다. 잡초처럼 굳건한 뿌리가 있어야 하며 언제 어디서나 아무리 환경이 나빠도 굳건하게 자신의 자리를 지켜 내는 잡초의 뿌리 격인 토대(土臺)가 구축되어 있어야 한다.
　무릇 풀은 별것 아니라고 사람들이 지나쳐도 남몰래 잡초의 근성을 살리어 각종 풀꽃을 일구어 내는 힘, 그 힘이 바로 아름다운 풀꽃 잔치이다. 소나무 그늘 밑에선 풀이 자라지 않지만 오직 한 가지 풀, 맥문동만은 소나무만의 독소(毒素)를 이겨 내고 보라색의 풀꽃 잔치를 연출한다. 풀이 소나무 그늘의 독한 요소도 극복하는 좋은 본보기라 하겠다. 사람도 맥문동꽃의 경우와 같이 잡초 인생을 연출하는 훌륭한 사람도 도처에 있음을 본다.